ALFREDO SÁNCHEZ OCHOA

¿EN DÓNDE ESTÁ EL AMOR?

…Y CÓMO ENCONTRARLO

Gracias…

A Natalia; por la experiencia del amor compartido

y sus posibilidades infinitas.

A mis dos madres; por la realidad que compartimos,

esencia de amor, paz y tranquilidad.

A todos los que me han permitido

descubrir el amor en su mirada.

A la luz que sigue creciendo… gracias.

"…Amo pensar que cada palabra
esconde un poderoso misterio;
amo cada idea y pensamiento,
cada sendero aunque acabe en un desierto…

Y amo aquello que no veo, pero intuyo;
amo las cosas que no entiendo y todo incluyo.
Amo todo aquello qué no sé,
amo todo lo que no se ve…"

"Amo"
(Miguel Bosé)

Índice

I.- Y... ¿EN DÓNDE ESTÁ EL AMOR?

"...¿Dónde vas?
mas lejos cada vez;
no se pierde,
no se deja encontrar;
lo que buscas
siempre estuvo acá..."

"Más bien, menos mal"
(Toth-Guyot)

Me gustaría comenzar por narrarte una pequeña historia:

Cuentan que en cierto pueblo vivía un pordiosero, el cual pasaba los días a la vera del camino que daba acceso al poblado. Durante muchos años se le pudo ver sentado sobre una piedra y a la sombra de un frondoso árbol estirando la mano al paso de los caminantes solicitando una moneda. Con el paso del tiempo su presencia se volvió parte del paisaje y para muchos era usual el poder ayudar al ya anciano hombre debido a lo muy necesitado que se le veía.

Un día, el pordiosero murió. Los habitantes del pueblo encontraron su cuerpo recargado en el árbol como si estuviera durmiendo pero ya sin vida. Después de algún intercambio de opiniones, decidieron enterrarlo ahí mismo al pie del árbol donde había pasado gran parte de su vida. Cuál seria su sorpresa cuando al retirar la piedra donde se sentaba el mendigo para empezar a cavar, se encontraron con un cofre de madera y bronce. Al abrirlo quedó a la vista de todos el brillo de decenas de monedas de oro muy antiguas y que evidenciaban un gran valor; un verdadero tesoro.

Ante tal descubrimiento, inmediatamente surgió de entre los presentes una voz que reflexionó lo siguiente: "¡Pero que ironía!; lo que este hombre mendigó toda su vida lo tenía en abundancia al alcance de su mano".

¿Por qué te cuento esto?. Pues porque muchas veces en nuestra vida, como en la historia anterior, lo valioso lo tenemos realmente muy cerca pero somos incapaces de verlo distraídos por infinidad de cosas, necesarias o innecesarias, que nosotros mismos vamos creando y colocando en lugares preponderantes de nuestra existencia.

Tal vez lo más valioso y lo que más buscamos a lo largo de nuestra vida es el amor. Cientos de historias se han escrito, decenas de vidas se han perdido, miles de kilómetros se han recorrido, millones de palabras se han escuchado en la búsqueda de lo que encierran esas cuatro letras: amor. Sin embargo, a pesar de que diariamente buscamos amor en nuestras vidas, somos incapaces de darnos cuenta, al igual que el mendigo de la historia, de que eso que pedimos lo tenemos en abundancia muy cerca... tan cerca, que está dentro de nosotros.

Si, así es; de hecho este podría ser el libro más corto jamás escrito… el amor está dentro de ti. Listo; fin de la historia y a otra cosa. Entonces, te preguntarás,¿qué sentido tienen los siguientes capítulos?.

Sucede que si bien en este punto el *dónde* es fácil de explicar, son el *qué* y el *cómo* en los que vamos a profundizar: qué es y qué no es; cómo encontrarlo, cómo reconocerlo, cómo vivirlo, cómo hacerlo crecer, cómo experimentarlo; cómo hacer de nuestro día a día una experiencia de amor pleno y duradero.

Te estarás imaginando que no es un camino sencillo, sino más bien bastante sinuoso; ¡un verdadero laberinto sin fin!. No es así, del laberinto siempre se sale aunque a veces nos sintamos un poco perdidos. Lo más importante es contar con las herramientas adecuadas que nos permitan ubicarnos y dar pasos enfocados hacia lo que deseamos encontrar. Sé que, al igual que muchos, tu experiencia en este "laberinto" del amor puede haber sido bastante "traumática" y complicada, quizás hasta desesperanzadora; chocando con paredes una y otra vez, momentos en los que te das cuenta que por ahí ya pasaste y estás de nuevo; caídas de las cuales parece imposible levantarse; miedo, soledad; en fin, un panorama desolador y complicado. No te preocupes; con el avanzar de estas lineas te irás dando cuenta de que ese "laberinto" lo has construido tu mismo y por lo tanto tú lo conoces y tienes también la posibilidad de encontrar el amor escondido en él.

Y es que lo más paradójico de esta búsqueda es que muchas veces somos nosotros mismos los que "escondemos" lo que estamos buscando, principalmente porque no lo sabemos reconocer y de forma natural tememos a lo desconocido. Poco a poco te darás cuenta de las tantas veces que has tenido al amor brillando en ti y de las mismas veces que, con tus acciones y pensamientos, lo has apagado lentamente poniéndolo fuera de tu camino.

Algo muy importante de señalar es que no ganamos nada al *sentirnos culpables* si es que hasta este momento no hemos sido capaces de vivir plenamente el amor. Al sentirnos así sólo estamos alejándonos de la posibilidad de hacerlo el centro de nuestra vida. Lo mejor que podemos elegir es *hacernos responsables* de la gran oportunidad que tenemos de amar y compartir amor; es decir, entender que está en nuestras manos y en nuestra capacidad el poder lograrlo.

También es importante señalar que este libro no pretende ser una guía o un "mapa" para encontrar el amor, ni mucho menos un "7 pasos para hallar al amor de tu vida" o algo parecido. Al transcurrir de los capítulos, te darás cuenta de que la experiencia del amor es diferente y única para cada individuo. Lo que compartiré contigo es una sencilla, pero a la vez profunda, visión de la esencia del amor; su naturaleza básica, con el fin de que puedas reconocerlo, alimentarlo, desarrollarlo y hacerlo crecer.

En los primeros capítulos te mostraré la importancia que tiene tu proceso de pensamiento para la obtención, no solo del amor, sino de todo lo que deseas para tu vida. También descubriremos las muchas formas en que confundimos al amor con otros sentimientos o experiencias. Algo muy importante sin duda son las herramientas que obtendrás para que tú mismo puedas trazar tu propia ruta hacia el amor. Y es que cada uno de nosotros debe recorrer su propio camino; debes vivir tu propia experiencia; por lo tanto, sólo tú decides la forma y el momento; el instante en que tu vida se convierte en un sendero de amor.

Te invito a introducirnos en la experiencia del amor humano y en cómo, a pesar de tenerlo tan cerca, de lo maravilloso que es y de la luz que nos puede dar; nos pasamos los días alejándonos de él; lo negamos, lo confundimos, lo ocultamos, lo culpamos y ,en múltiples ocasiones, prácticamente lo hacemos desaparecer en lo más profundo de nuestro ser.

Este libro busca ser un reencuentro contigo; con la luz que habita en ti, con el perdón, con el amor funcional, el amor que te hace libre y libera a los que te rodean, permitiéndote vivir plenamente y recorrer el camino de vuelta a la esencia vital… la esencia del amor.

Si ya establecimos como premisa principal que el amor está dentro de nosotros, resulta lógico empezar por explorar ese "terreno" interno que muchas veces nos resulta sumamente desconocido. Frecuentemente nos cuesta trabajo reconocer nuestras emociones y pensamientos, el porqué actuamos de una determinada manera y el porqué reaccionamos de formas no adecuadas. Vamos a empezar por entender nuestra naturaleza interna para aprender a usar el gran poder que tenemos dentro de nosotros y que nos permitirá crear el amor que queremos para nuestra vida.

II.-TU GRAN PODER

Vamos a mirarnos por un instante al espejo.

La persona que está sentada en este momento leyendo con un libro frente a ella, así tal cual, es la persona que tú has creado.

Cada pensamiento que has tenido, cada palabra que has dicho, cada cosa que has hecho (o dejado de hacer), cada pequeña o gran decisión que has tomado; cada momento que forma parte de tu vida; ha ido "esculpiendo" y dando forma -creando- a la persona que ahora eres.

A partir de esto, es inminente que la persona que serás cuando te mires al espejo en 10 años, será también el resultado de todo lo que pienses, digas y hagas durante los siguientes y mismos 10 años. ¡Cuánta responsabilidad! ¿no crees?; pero al mismo tiempo que gran oportunidad de asumirla y decidir por ti mismo quien estará habitando tu piel una vez transcurrido ese lapso.

Este es precisamente tu gran poder: el poder de decidir... el poder de crear y transformar. Este don o regalo que nos fue otorgado, el del libre albedrío, es el que nos permite ser creadores de nuestra realidad, alquimistas de la vida capaces de transformarnos y convertirnos en aquello que imaginamos.

Son las decisiones que vamos tomando día a día las que echan a andar el engranaje de nuestra vida, generando movimiento alimentado por las consecuencias que dichas decisiones traen consigo.

Es así, que incluso la decisión de *no* tomar una opción genera una nueva realidad en consecuencia, ya que esa negativa de decisión nos lleva a transitar necesariamente por un camino decidido por omisión; es decir, no hay forma de que nos abstraigamos de esta dinámica: siempre y a cada momento estamos decidiendo… estamos creando.

Es fácil de suponer que este gran poder conlleva también una gran responsabilidad; porque cada decisión, por pequeña que sea, está creando una nueva realidad; *nuestra* realidad.

Al mismo tiempo, una reflexión que posiblemente te puede estar viniendo en este momento a la cabeza es que, si bien podemos ser creadores de dicha realidad, también estamos en constante interacción con otras personas y situaciones que al mismo tiempo están creando realidades que alteran o modifican la nuestra. En otras palabras: ¿hasta qué punto somos capaces de tener el control de crear y construir de manera plena nuestra realidad?; ¿de qué manera nos afectan las decisiones de las personas que nos rodean?;¿cuál es el verdadero alcance de nuestra libertad?.

Para poder responder a las interrogantes anteriores vamos a explorar tres vertientes que nos permitirán llegar a dimensionar el poder que posees y que, usándolo como es debido y con todo su potencial, te llevará a ser capaz de transformarte en lo que quieres ser; y así obtener las cosas, y las personas, que necesitas cerca de ti para ser feliz... un ser pleno y lleno de amor.

Crear a partir de las emociones

"De una mente llena de ira y desesperación no puede emerger un futuro positivo"

Dalai Lama

Seguramente habrás visto muchas veces dentro de las filosofías orientales el concepto de "soltar el control" como un medio necesario para ser feliz y fluir en la vida. Esto es verdad, pero con el enfoque correcto; ya que, de manera extraña, tendemos a soltar el control de aquello que deberíamos controlar, y al mismo tiempo nos empeñamos en controlar lo que *no podemos,* llenándonos de frustración y resentimiento.

Desde hace cientos de años, un grupo de filósofos conocidos como "Estoicos", señalaban un principio muy básico y práctico: "Los hechos son de dos tipos: los que dependen de nosotros y los que no."

A partir de este principio (que puede parecer muy obvio), resulta fundamental entender la diferencia entre lo que es y lo que no es responsabilidad de uno, y actuar en función de ello. Muchas situaciones dependen de los demás y escapan de nuestro control, pero nuestro sistema de creencias (del cual más adelante hablaremos) nos hace pensar que son nuestra culpa; nos sentimos mal y queremos tomar responsabilidad por ellas; luchando por cambiarlas cuando hay cosas que, evidentemente, no podemos cambiar.

Al mismo tiempo, es muy importante el hacernos responsables por lo que *sí podemos* y debemos controlar; ya que es ahí conde encontraremos nuestro gran poder creador de realidad.

Empecemos por definir lo que *no podemos* controlar:

a)   Las creencias de los demás

b)   Las emociones de los demás

c)   Los pensamientos de los demás

d)   Las palabras de los demás

e)   Las acciones de los demás

f)   **Las consecuencias** de los 5 puntos anteriores

Te invito a que te tomes un momento para leer detenidamente cada inciso y reflexionar sinceramente: ¿Cuántas veces has intentado controlar algo de lo aquí enlistado en una persona cercana a ti?; ¿cuánta frustración has acumulado en días, meses o años tratando de cambiar estos puntos en los que te rodean?; ¿por cuánto tiempo te has sentido responsable de las consecuencias de lo que hace o dice la gente a tu alrededor?. Sí, lo sé, demasiado; pero no te preocupes, para eso estamos aquí; para equilibrar, depurar y tomar el control de nuestra realidad.

El psicólogo Fritz Heider fue pionero en advertir en su obra de 1958 "La Psicología de las Relaciones Interpersonales" que tendemos a atribuir las conductas a dos causas posibles: a una causa interna (rasgos de personalidad, inteligencia, emociones, etc.) o a una causa externa (suerte, situaciones, acciones de terceras personas etc.) Este llamado *proceso atributivo*, según Heider, conduce a que el individuo que atribuye su conducta a causas internas tome el control de su vida, mientras que el que lo atribuye a causas externas tiende a la falta de motivación y autoestima. Bajo este principio, es sencillo darnos cuenta de que todo aquel que supone que su vida esta regida por factores ajenos a él, es como un barco a la deriva y ningún viento le será nunca favorable.

Vamos ahora a revisar las causas internas de nuestra conducta, las cuales *sí podemos* controlar:

a)   Nuestras creencias

b)   Nuestras emociones

c)   Nuestros pensamientos

d)   Nuestras palabras

e)   Nuestras acciones

f)   **Nuestras reacciones** a los 6 puntos que, en la primera lista reflexionamos, *no podemos* controlar en los demás.

¿Te dás cuenta?; aquí está la razón del porqué *no tenemos* el control de nuestra vida. Solamente haciéndonos responsables de estos puntos podemos tomar el timón de nuestro barco, de otra manera estaremos destinados a navegar sin rumbo ni dirección. Nuestras creencias (inciso a), que forman un sistema, son el origen de los cuatro puntos siguientes (emociones, pensamientos, palabras y acciones -incisos b al e-); y los veremos a profundidad en el siguiente capítulo.

Por ahora, quiero que nos centremos y hablemos del punto 6 que es muy importante y poderoso: el control de nuestras reacciones ante cualquier factor externo; esto mediante el uso de *la inteligencia emocional.*

El concepto de inteligencia emocional fue desarrollado por el psicólogo estadounidense Daniel Goleman y hace referencia a la capacidad para reconocer los sentimientos propios y ajenos. La persona por lo tanto, es inteligente (posee herramientas o habilidades) para el manejo de las emociones. Goleman menciona cinco habilidades básicas que debe tener una persona con alta inteligencia emocional: descubrir las emociones y sentimientos propios, reconocerlos, manejarlos, crear una motivación propia y gestionar las relaciones personales.

Es muy común en las relaciones interpersonales que, cuando alguien nos ofende, reaccionemos de la misma forma, ofendiendo o insultando. En ese momento estamos dejando la responsabilidad de nuestro accionar y le estamos cediendo el control a la otra persona de nuestras emociones; es decir, le estamos dando la llave para que nos controle. Un individuo con inteligencia emocional entiende que si bien no puede controlar las palabras y acciones del otro, sí es responsable de la reacción que tiene ante ellas; toma el control con firmeza y crea su realidad a partir de ese control.

Otro problema común es culpar a los demás de nuestras acciones: "Sí, yo lo ofendí porque el me provocó primero". Una vez más, soltamos responsabilidad y depositamos el control en terceros. Haciendo uso de las herramientas de inteligencia emocional (reconocer y manejar los sentimientos propios), puedo asumir la responsabilidad de mi acción y automáticamente retomo el control de la situación.

La principal razón por la que tenemos que aprender a desarrollar nuestra *inteligencia emocional* es porque siempre va a actuar antes que nuestra *inteligencia racional*. Seguramente te ha ocurrido que en medio de una situación intensa, dices o haces algo de lo que después te arrepientes al darte cuenta del daño causado (a ti y a los demás). Cuando fortaleces tu capacidad emocional, puedes ser capaz de controlar la reacción (el sobrereaccionar); para así darle tiempo a tu mente racional de generar pensamientos, lograr consciencia (equilibrio de emoción y pensamiento que genera realidad); y entonces sí, actuar de forma funcional.

También es facultad de nuestra inteligencia emocional el poder controlar nuestras reacciones hacia factores del entorno como pueden ser los climatológicos, los sociales, accidentes, o incluso ante enfermedades (virus, bacterias, etc.). No tenemos la capacidad de decidir si hoy lloverá o no, pero es nuestra total decisión el *cómo* nos sentimos ante tal circunstancia; si lo disfrutamos o lo sufrimos, si nos es funcional o disfuncional. En el mismo sentido, y dando otro ejemplo, no tenemos el control ante la propagación de una enfermedad, pero tenemos el poder total de decidir el *cómo* afrontamos tal situación; la realidad que vamos a crear ante algo que rompe paradigmas y que nos da la oportunidad de crecer, ó, en sentido contrario, derrumbarnos.

Para terminar con lo que *sí podemos* controlar, es importante entender que si bien somos responsables de lo que pensamos, decimos, hacemos y sentimos; *no lo somos* de cómo los demás lo interpreten. Es común que tendamos a creer que nuestras acciones son vistas por los demás como nosotros las vemos, pero no sucede así. Cuando por ejemplo dices algo en una reunión con 5 personas más, en esa reunión habrá 6 interpretaciones distintas de lo que tú dijiste; la tuya y las de los otros cinco individuos. La inteligencia emocional (consciencia de la emoción para transformarla en idea y poderla comunicar) nos permite ser conscientes de esto y gestionar las diferentes interpretaciones sin frustrarnos por no darnos a entender; estructurando nuestro mensaje de la mejor manera posible para que sea comprendido como nosotros deseamos. Más adelante, cuando abordemos el tema de las relaciones en pareja, verás lo importante que es el aprender a gestionar las diferentes interpretaciones que ambas partes le dan a las palabras y acciones del otro.

Te invito ahora a conocer la segunda vertiente de nuestro poder creador: cómo es que nuestra mente trabaja y crea su realidad a partir de lo que piensas cada día.

Crear a partir de los pensamientos

"Te conviertes en lo que le das a tu atención"

Epicteto

¿Sabes quién es la persona con la más conversas a lo largo del día?...tú. Así es, por lo menos el 70% de tus conversaciones diarias son contigo por medio de los pensamientos que generas, de historias que te cuentas y de la interpretación que haces de tus emociones. Ahora, el cerebro no "piensa" en palabras, ya que estas únicamente son la forma en que expresas a los demás tanto emociones como pensamientos. En realidad, el cerebro lo que hace es "proyectar" en imágenes, es decir, visualiza tus pensamientos y emociones.

Por ejemplo; si en este momento yo digo: "casa", tu cerebro no visualiza la palabra, ni esas cuatro letras (c-a-s-a). Lo que tu cerebro hace es "decodificar" la información proporcionada y proyecta una imagen de lo que, en base a tu experiencia previa, tú crees es una casa. Es lógico pensar que lo que tú visualizas como "casa" para mi será diferente; y si pusiéramos a diez personas a dibujar lo que piensan que es una casa, obtendríamos diez imágenes diferentes; cada una de ellas basada en sistemas de creencias y codificaciones particulares, y por lo tanto, al plasmarlas, proyectarán realidades distintas.

En consecuencia de lo anterior, si ya mencionamos que más de la mitad del día estamos visualizando lo que sentimos y lo que pensamos, es de suponer la importancia de que estas visualizaciones sean funcionalmente positivas ya que estarán condicionando el desarrollo de una realidad igualmente funcional para nosotros.

Diversos filósofos y científicos como Aristóteles, Locke o Pávlov, han estudiado las llamadas "leyes asociativas conductuales"; las cuáles explican cómo nuestro cerebro reacciona a los estímulos aprendidos por nuestras experiencias, creando una realidad construida o diseñada. John Locke en su "Ensayo sobre el entendimiento humano", nos da una de las primeras conceptualizaciones modernas de la conciencia como la autoidentificación repetida de uno mismo. Él lo representa como una mente vacía, una *"tabla rasa"*, que se va llenando y desarrollando a partir de nuestras sensaciones y reflexiones (emociones y pensamientos).

A partir de lo anterior, podemos entender el porqué nos convertimos en eso que pensamos y que estamos visualizando constantemente en nuestra mente; ya que con cada pensamiento estamos comunicándonos la visión de nuestra realidad y diseñando lo que somos.

Imaginemos a una persona que en su sistema de creencias tiene codificada la idea: "el amor nunca dura para siempre, tarde o temprano acabas sufriendo". Esta idea la estará proyectando continuamente en su mente y lo que sienta y piense estará fundamentado en la misma idea. Cuando conozca a alguien que potencialmente le proyecte la idea de lo que él concibe como amor, tendrá tan grabada la idea (repetida muchas veces) de que el amor causa sufrimiento, que empezará a accionar para evitar que ese sentimiento de amor crezca; es decir, por un lado su emoción codifica el amor, pero por el otro sus pensamientos condicionan ese amor al sufrimiento, un sentimiento que él no quiere tener; por lo tanto, desde el inconsciente, accionará para detener el proceso. El resultado reforzará todavía más su idea inicial: "con el amor acabas sufriendo"; sin poder asumir que es una realidad creada por el mismo.

¿Te das cuenta de cómo llegamos a situaciones incomprensibles?. Es como querer acelerar un coche con el freno de mano puesto; nos frustramos porque las cosas no se dan como queremos, cuando es nuestra propia codificación la que crea esos "cortos circuitos" en la mente y detiene la realidad deseada.

Pero existe un problema aún mayor al momento de codificar. Como recordarás, decíamos que el cerebro proyecta en imágenes; pero esa proyección siempre es en positivo, ya que no reconoce códigos negativos (al hablar de códigos me estoy refiriendo a palabras o símbolos). Por lo tanto, cuando utilizamos una expresión con la palabra "no", lo que resulta es que nuestra mente proyecta y visualiza lo que pretendemos negar, grabando la idea en nuestro sistema como si fuera una afirmación.

Vamos a explicarlo con un ejemplo: ¿recuerdas la casa de la que hablábamos antes?; bueno, quiero que la visualices; pero **no quiero** que veas que es roja. Tampoco quiero que veas que tiene una puerta que es muy grande y azul.

¿Te diste cuenta?. Te aseguro que tu mente lo que proyectó fue una casa roja con una puerta grande y azul. Los códigos negativos "no" y "tampoco" fueron ignorados y por lo tanto no se decodificaron. La razón es simple: tu cerebro primero tiene que ver lo que te digo que no veas; es imposible que suceda de otra manera, y la visualización queda grabada en tu mente.

Pensemos ahora en una persona que genera el siguiente pensamiento: "No quiero sentirme solo". Como ya vimos, su cerebro va a eliminar la palabra "no"; por lo tanto lo que va a proyectar es: "quiero sentirme solo", no en palabras, sino en imágenes; es decir, se va a estar visualizando a sí mismo solo, triste y abandonado; logrando acrecentar ese sentimiento de soledad que en su pensamiento original trataba de eliminar; y todo este proceso en menos de un segundo.

¿Te das cuenta de lo perjudicial que puede resultar el repetir constantemente lo que no quieres?; "no quiero más ansiedad en mi vida", "no necesito más negatividad a mi alrededor", "no quiero vivir con estrés y presión", etc. Tan sólo elimina el *no,* al igual que lo hace tu cerebro al decodificar y proyectar, y sabrás lo que te estás repitiendo y proyectando a cada momento.

Volviendo al ejemplo anterior, lo que esta persona debería hacer es formular pensamientos en positivo: "quiero sentirme contento y pleno"; "debo ser feliz"; "merezco estar bien"; todas estas afirmaciones van a proyectarse en su mente y le van a permitir empezar a crear una realidad distinta, le van a permitir transformarse en la persona que desea ser.

Vale la pena mencionar, que aunque estamos hablando de la comunicación con nosotros mismos, también aplica a lo que comunicamos a otras personas. Si yo le digo a alguien: "no quiero que me sigas engañando", la persona proyectará y reforzará esa idea (la de seguir engañando) en su cabeza. Lo efectivo sería decir "necesito que seas honesto conmigo"; para así lograr una correcta codificación en la mente del que escucha.

Ahora puedes ver la importancia de cuidar la forma en que nos comunicamos con nosotros mismos, y también con los demás por supuesto. Nuestros pensamientos y emociones proyectan imágenes constantemente en nuestro cerebro y, en consecuencia, condicionan las acciones con las que construimos nuestra vida.

Crear a partir de las acciones

"Que tus decisiones reflejen tus esperanzas,
no tus miedos"

Nelson Mandela

La última vertiente que vamos a analizar, es la de la trascendencia y el alcance de nuestras acciones; cómo es que una pequeña decisión puede transformar totalmente el rumbo de nuestra vida. Para ilustrar mejor lo que te digo, permíteme narrarte una historia.

Cuentan que en un remoto continente se le pidió a un jinete preparar rápidamente su caballo para llevar un importante mensaje al rey. Al tiempo que ensillaba al animal, el herrador le advirtió que debía revisar las herraduras para ver su estado y garantizar un viaje seguro, lo cual tomaría sólo 15 minutos. – "Tengo un mensaje urgente que entregar y cada segundo cuenta" – , contestó el jinete. Montó y a todo galope salió de la ciudad.

A medio camino el caballo empezó a aminorar el paso. El jinete aflojó las riendas y al arribar a un pequeño poblado en medio del desierto paró para que revisaran al animal. Un herrero revisó la pata del caballo y vió que un clavo de la herradura se había perdido. Tendrían que cambiar los clavos para afianzar la herradura. Llevaría una hora por lo menos; – "Tengo un mensaje urgente que entregar y cada segundo cuenta" –, volvió a montar y salió del poblado.

Sin embargo, el ritmo del corcel era lento. Cada kilómetro lo recorría en mayor tiempo. Súbitamente, el caballo empezó a cojear en forma sensible y a disminuir todavía más su paso. La suerte hizo que el jinete encontrara una caravana. Se acercó a ella y solicitó ayuda. El caballo había perdido la herradura. Tendrían que forjar una nueva. Tomaría de dos a tres horas. La desesperación hizo presa del mensajero. Su misión era muy urgente. Montó en su caballo y a pesar de la falta de la herradura, hizo correr al caballo.

Cojeando y visiblemente molesto, el noble animal continuaba caminando con ritmo lento. El jinete, aunque se daba cuenta del dolor que sufría su fiel compañero, lo seguía azotando para que galopara. Tenía que llegar a su ciudad y entregar al rey el importante mensaje, pero el avance lento y pesado del caballo se hacía, por momentos, una agonía. El mensajero percibió al fin que el caballo no podía más. Lo desmontó y el equino quedó acostado preso de convulsiones.

En la lejanía se alcanzaban a observar las torres del palacio del rey. Corriendo rápidamente, el mensajero se acercó a las murallas de la ciudad. Alcanzó a percibir humo e incendios. Al llegar a la puerta vió con toda crudeza lo que había sucedido. Habían tomado la ciudad y el pillaje invadía todo. El reino había caído.

El mensaje que traía, revelaba una conspiración en contra de su rey. El primer ministro se había conjurado con el rey enemigo, siendo su objetivo el ser coronado destronando al rey. Había llegado tarde.

Por un clavo se perdió la herradura; por una herradura murió un caballo; por un caballo no se entregó un mensaje; y por ese mensaje se perdió el reino.

Así como en esta historia un pequeño clavo fue determinante para el futuro de un reino completo, sucede lo mismo con nuestra vida y las decisiones que tomamos, o dejamos de tomar, en el día a día. Es así que toda determinación, por pequeña que sea, provoca la definición del rumbo de nuestra historia personal.

Podrás pensar que es excesivo lo que te digo pero existen teorías científicas que lo avalan. Por ejemplo, el Atractor de Lorenz, concepto introducido por Edward Lorenz en 1963, que es un sistema dinámico determinístico tridimensional no lineal derivado de las ecuaciones simplificadas de rollos de convección que se producen en las ecuaciones dinámicas de la atmósfera terrestre que demuestra claramente lo que estamos explicando. ¡¿Claramente?!, te estarás preguntando. Bueno, para ponerlo en términos mas entendibles se trata del modelo conocido coloquialmente como "efecto mariposa" y que se relaciona también con el proverbio chino: "El aleteo de las alas de una mariposa se puede sentir al otro lado del mundo"

En el concepto del efecto mariposa la idea es que, dadas unas condiciones iniciales de un determinado sistema, la más mínima variación en él puede provocar que el sistema evolucione en ciertas formas completamente diferentes; sucediendo así que, una pequeñísima perturbación inicial, mediante un proceso de amplificación, podrá generar un efecto considerablemente grande a mediano o corto plazo del tiempo; como la creación de un huracán por ejemplo.

Para entenderlo de manera sencilla y llevando este concepto a nuestra propia vida, tenemos que cada variable que aplicamos a ella (cada palabra que decimos o cada acción que ejecutamos) por pequeña que sea, tendrá un efecto amplificado en el tiempo que será transformador de nuestra existencia, aunque en el momento no seamos capaces de dimensionarlo. Ponte a pensar en esos momentos que cambiaron el rumbo de tu vida, ese instante en el que tomaste determinada opción que te llevó a donde estás ahora, en esa decisión que definitivamente transformo todo a tu alrededor. Al ir uniendo cada uno de esos momentos te darás cuenta de que esos instantes fueron construyendo y creando, paso a paso, tu realidad.

¿Lo puedes ver?; es ahí donde radica la importancia de cada una de nuestras palabras y acciones; ya que con ellas estamos creando a cada momento nuestra realidad y definiendo lo que somos.

Pero, ¿de dónde surgen esas emociones y pensamientos que después transformamos en palabras y acciones?... de nuestro **sistema de creencias**; el lugar en donde todo se origina y desde el cuál debe empezar nuestra transformación para empezar el camino hacia el amor.

III.-TRANSFORMAR LOS PARADIGMAS

"...And love is not the easy thing...
The only baggage you can bring
Is all that you can't leave behind..."

"Walk on"
(Paul "Bono" Hewson)

La palabra "paradigma" proviene de la raíz griega "paradeigma", que significa "modelo" o "patrón"; y en la práctica psicológica-social se convierte en un conjunto de creencias y disposiciones que establecen, o definen, los límites y las formas en que nos comportamos dentro de ellos. Es precisamente por este conjunto de creencias que se originan las emociones, los pensamientos y las acciones que analizamos en el capítulo anterior.

La razón por la que este sistema de creencias es trascendental para nuestra vida, es porque solamente ahí podemos realmente transformar nuestro proceso mental, nuestro "chip", se diría coloquialmente.

Por ejemplo, si yo trato de transformar determinada forma de actuar que no me está funcionando y lo quiero hacer únicamente desde la acción misma, me va a resultar muy complicado y estresante; ya que la acción es una consecuencia de una creencia o paradigma que es la causa original. Dicho de otra forma; todo lo que piensas, dices o haces, tiene su origen en una creencia paradigmática. Todas tus creencias se conforman en un sistema que determina finalmente tu comportamiento, y en esencia, lo que tú eres.

Ahora, una buena noticia: todas y cada una de tus creencias paradigmáticas, sin excepción, han sido diseñadas por ti. Por lo tanto, tú también las puedes transformar en base a su utilidad; es decir, si te son funcionales o no, en cada momento de tu vida. Esto lo menciono, porque un gran error que cometemos con nuestros paradigmas es creer que son inamovibles y para toda la vida, cuando en realidad tenemos la capacidad para transformarlos y volverlos funcionales para nuestro crecimiento y desarrollo. En otras palabras, no es equivocado tener paradigmas, todos los tenemos y son fundamentales; el problema viene cuando nos volvemos "presos" de ellos, los llevamos como lastres que impiden avanzar, y causan disfunciones en nuestro día a día.

Otro fallo que frecuentemente se presenta en nuestro sistema de creencias es el del desequilibrio; esto es, paradigmas que chocan entre sí o que se dirigen en distintas direcciones; lo que "confunde" y frena al sistema al tener emociones y pensamientos que se contraponen entre ellos.

Imaginemos a una persona que desde muy pequeña desarrolló una idea del amor en pareja como el único camino para ser feliz. Ya sea que lo haya escuchado de sus papás, visto en la televisión o leído en un libro; esta persona posee un paradigma del amor. Posteriormente, con el transcurrir de los años, tiene experiencias que la llevan a crear un nuevo paradigma: "se sufre mucho por amor, las personas lastiman".

Esta persona tiene ahora en su sistema dos paradigmas que la van a llevar a un callejón sin salida: ella cree que necesita del amor en pareja para ser feliz, pero también cree que ese mismo amor la va a hacer sufrir; dos conceptos que se contraponen entre si. A partir de esto su vida será un vaivén emocional, y en su mente tratará de entender el porqué en sus relaciones busca una cosa y obtiene otra. Sencillo; su sistema de creencias no está alineado.

Es muy importante que observes que nunca he mencionado que una u otra creencia esté *mal* o *bien*. Yo siempre hablo de sistemas *funcionales* o *disfuncionales* en base a lo que la persona busca lograr; es decir, una creencia que funciona en un sistema (en una persona) puede no hacerlo en otro, por lo que ningún paradigma es *correcto* o *incorrecto;* tan solo es *verdadero* o *falso* para *tu* realidad. En el ejemplo anterior, el sistema de la persona no funciona porque, independientemente de que las veamos "mal" o "bien", tiene creencias desalineadas de un mismo objetivo

Te voy a contar una historia que ilustra muy bien el proceso de un paradigma y que nos permitirá entender su sencillez elemental, así como su trascendencia al pasar el tiempo.

Cuentan que un gran maestro del budismo zen tenía un gato que era su inseparable amigo. Durante las clases de meditación mantenía al gato a su lado para disfrutar de su compañía.

Cierta mañana el maestro, que ya era muy anciano, murió; y el discípulo más aventajado ocupó su lugar.

¿Y qué vamos a hacer con el gato?, preguntaron los otros monjes.

En homenaje al recuerdo de su antiguo instructor, el nuevo maestro decidió permitir que el gato continuara junto a él en sus clases. Algunos discípulos de monasterios vecinos, que viajaban mucho por la región, descubrieron que en uno de los más afamados templos del lugar, un gato participaba en las meditaciones. La historia comenzó a circular.

Pasaron muchos años. El gato murió, pero los alumnos del monasterio estaban tan acostumbrados a su presencia, que consiguieron otro gato. Mientras tanto, los otros templos comenzaron a introducir gatos en sus meditaciones; creían que el gato era el verdadero responsable de la fama y la calidad de la enseñanza.

Pasó una generación, y comenzaron a aparecer tratados técnicos sobre la importancia del gato en la meditación zen. Un investigador universitario incluso desarrolló una tesis según la cual, el felino tenía la capacidad de aumentar la concentración humana y de eliminar las energías negativas.

Y así, durante un siglo, el gato fue considerado esencial para el estudio del budismo zen en la región.

Hasta que un buen día, apareció un maestro que tenía alergia al pelo de los animales, y resolvió alejar a los gatos de sus prácticas diarias con los alumnos. Hubo una gran reacción negativa, pero el maestro insistió. Como era un instructor excelente, los alumnos continuaron con la misma calidad de enseñanza, a pesar de la ausencia de los gatos.

Poco a poco empezó a llegar a los monasterios vecinos el rumor de que los gatos no eran necesarios para meditar y, un poco cansados de tener que alimentar a tantos felinos, fueron eliminando los animales de las aulas.

Treinta años después, comenzaron a aparecer nuevas tesis, con títulos tan convincentes como "La importancia de la meditación sin felinos", o "Equilibrando el universo zen sólo con el poder de la mente, sin ayuda de los animales"; hasta que pasó un largo siglo y el gato quedó por completo fuera del ritual de la meditación zen en aquella región.

Como podemos ver en esta historia, un paradigma no se basa en un principio de "verdad" o "mentira"; simplemente es real a partir de que un sistema de creencias lo asimila como propio, y, al ser reproducido por otros sistemas adyacentes, se puede convertir en una "verdad comprobada" que es real para un individuo, un grupo, o incluso para una sociedad entera. Podemos notar también, en base a la historia, que cualquier paradigma es susceptible a desaparecer y crear una nueva realidad.

Una inmensa mayoría de los problemas que tenemos en nuestras relaciones, se deben a que tendemos a codificar en nuestra mente que si la creencia de otra persona no es igual o parecida a la mía, entonces esa persona está mal, o tiene una creencia equivocada. A partir de esto, nos frustramos tratando de demostrarle o hacerle entender su "error", y hasta nos podemos enojar y llenar de rencor, descalificando sus pensamientos y sentimientos. ¿Te resulta conocido?; ¿te ha pasado alguna vez?. Tal vez demasiadas; por eso en indispensable que antes de pensar en establecer una relación de cualquier tipo, tengamos control de *nuestra realidad;* y entendamos que las creencias de las personas que nos rodean forman *su realidad;* y que esas creencias no tienen porque necesariamente ser parte de la nuestra.

Vamos a ver ahora como podemos trabajar y reprogramar nuestro sistema de creencias para hacerlo funcional. Para tal fin, empecemos por definir los tipos de creencias que tenemos en nuestro sistema para que puedas identificarlas y sepas como es que se procesan en tu mente. Las dividiremos en tres grandes grupos: Creencias de identidad, de expectativa y de merecimiento.

1.) Creencias de identidad.

Son las que nos definen como persona y se refieren a cómo nos consideramos y nos vemos a nosotros mismos. Son las más arraigadas principalmente porque las hacemos nuestras desde muy pequeños, casi siempre por influencia de nuestros padres o figuras de autoridad. Con el tiempo se van desarrollando o transformando, y van creando la imagen interna de nuestra personalidad, aspecto físico, valores, actitudes y el cómo nos relacionamos con los demás.

Estas creencias utilizan para su construcción un código formado por la conjunción de dos palabras que son muy poderosas: **"Yo soy"**. Yo soy honesto, yo soy inteligente, yo soy gordo, yo soy sociable etc. Toda aquella idea que tienes de ti mismo es un diseño que tú has creado y que define tu realidad. ¿Te puedes dar cuenta de lo impactante que es en tu vida cada vez que usas las palabras "yo soy"? Al proyectarlo en tu mente estás reafirmando a cada momento lo que eres y estableciendo la forma en la que vas a accionar desde tu realidad.

Es también muy importante explicar el gran poder que tiene esta otra conjunción de palabras: **"Tú eres"**. Su importancia radica en que, a partir de ellas, definimos lo que los demás proyectan en nuestra realidad, el papel que tienen en nuestra vida.

¿Dimensionas este gran poder?; tú no puedes definir lo que determinada persona es en *su* realidad, pero tienes toda la capacidad para decidir lo que ella es en la tuya. Por eso es que si yo expreso: "Tú eres la persona que me hace sufrir", el único responsable soy yo; *nadie* me puede hacer sufrir, a menos que yo le de esa capacidad de afectación a mi realidad.

Resulta indispensable que tomemos consciencia plena de este tipo de paradigmas, porque son la base de nuestro sistema de creencias y generan a su vez nuevos paradigmas como veremos a continuación.

2.-) Creencias de expectativa.

Estas creencias las dividiremos en dos subgrupos; las que tenemos hacia nuestro interior y las que tenemos hacia el exterior:

Creencias de capacidad (internas).

Se refieren a la expectativa de capacidad que creemos poseemos para hacer algo, y prácticamente en todos los casos se derivan de una creencia de identidad. Por ejemplo: "soy muy inteligente (paradigma de identidad), por lo tanto puedo hacer una carrera universitaria (paradigma de capacidad)". Otro supuesto que las ejemplifica podría ser la expresión: "Soy muy ágil, seguro puedo subir esta montaña"

Este tipo de creencias las vamos creando sobre la base de la experiencia y, al mismo tiempo, sobre lo que las personas importantes de nuestro entorno nos dicen que somos o no capaces; reafirmando nuestros paradigmas de identidad o contraponiéndose a ellos. Vamos ahora al subgrupo siguiente:

Creencias de posibilidad (externas)

Aquí es donde encontramos las creencias que definen si una experiencia o acontecimiento es posible en nuestro contexto de realidad. Este subgrupo es sumamente amplio porque prácticamente para cualquier hecho del universo podemos tener una creencia. Estos paradigmas los diseñamos a partir de la información que recibimos de nuestro entorno, y pueden ir desde creer en la posibilidad de la existencia de un Dios, creer en el poder del amor, o creer que un equipo determinado tiene la posibilidad de ganar un campeonato. Dicho de otro modo; de las millones de posibilidades que existen, tu eliges cuáles incorporas a tu sistema de creencias.

La importancia de este tipo de paradigmas es que son la llave que abre o cierra puertas para que las cosas sucedan; esto es, para pasar del terreno de las ideas a las acciones. Cuando tus creencias de posibilidad están alineadas con tus creencias de identidad y de capacidad, es entonces cuando se cierra el circulo de la realidad funcional creada en tu mente.

Para explicar, retomemos los ejemplos anteriores: "Soy muy inteligente (paradigma de identidad), por lo tanto puedo hacer una carrera universitaria (paradigma de capacidad); pero estudiar en una universidad es demasiado caro (paradigma de posibilidad)". Esta última creencia seguramente detendrá la acción, a menos que el individuo transforme esa creencia al buscar alternativas, o incluso añadiendo otro paradigma de posibilidad: "puede que sea demasiado caro, pero también puedo trabajar mientras estudio para solventar mis gastos".

Un ejemplo más que te empezará a adentrar en los procesos del amor: "Soy una persona que cree en el amor (paradigma de identidad), y creo que soy capaz de compartir mi vida con alguien afín a mi (paradigma de capacidad); pero hay gente que sólo juega con los sentimientos de personas como yo y no quiero acabar lastimado (paradigma de posibilidad)" Una vez más, esta ultima creencia desequilibra y frena el sistema.

Te debo hacer notar de nuevo, que en ningún momento estoy juzgando algún paradigma como *correcto* o *incorrecto*. Cualquier paradigma te puede ser funcional siempre y cuando esté alineado en el mismo sentido de tus demás paradigmas y te lleve al lugar que quieres llegar, a la realidad que deseas vivir.

Vamos ahora con el último grupo de paradigmas; donde se enciende la chispa de la creación, o se apaga por completo.

3.-) Creencias de merecimiento (Morales)

Con este grupo de creencias establecemos lo que estamos en posición de ser o de obtener; es decir, nos sitúan en un lugar especifico desde donde podemos alcanzar o no determinada realidad. Estos paradigmas tienen su origen en algo que conocemos como moral.

El concepto de "moral", proviene de la raíz latina "moralis" que indica lo relativo a "usos y costumbres"; esto es, se trata de un gran sistema de creencias que compartimos como sociedad, y que rigen o dirigen el comportamiento de los individuos que la integramos.

La particularidad de este tipo de creencias es que las codificamos a partir de una cultura, religión o grupo social en especifico, y tienen como fin regular la convivencia y desarrollo de cada uno de esos grupos o sociedades. Como todo paradigma, las de tipo moral también se transforman en el tiempo y el espacio; no es la misma concepción moral la del siglo XVIII a la del siglo XXI; el comportamiento moral de un Cristiano es diferente al de un Musulmán; y lo que puede ser una conducta moralmente aceptada en África, puede no serlo en Europa.

A lo que quiero llegar con esta contextualización, es a que, a pesar de que usualmente vemos a las creencias morales como "deberes", en realidad no lo son. Tan sólo son acuerdos sociales a los cuales nos podemos adherir o no para tener pertenencia; y es en el momento que los hacemos nuestros cuando los elegimos como parte de nuestro sistema de creencias.

De ninguna forma se debe entender que lo aquí expuesto intenta buscar la supresión de los paradigmas morales de nuestro sistema. Eso supondría una importante disfunción en el sistema social. Lo que intento explicar es que es *tu responsabilidad* la elección de los grupos sociales a los que te adhieres, y por lo tanto de los paradigmas morales que estos conllevan y que conviertes en parte de *tu sistema*.

Es justo en este punto del camino que nos encontramos con un concepto que es capaz de frenar cualquier otro paradigma: *la culpa*. Esta idea será siempre la responsable de mandar la señal a nuestro cerebro de si merecemos algo en nuestra vida, o no, según sea el caso.

Expliquemos; si en mi sistema poseo un paradigma moral que se contrapone a otros paradigmas de identidad o expectativa, me va a provocar un grado de culpabilidad en mi sistema que inconscientemente me va a impedir avanzar hacia mi objetivo.

Un ejemplo claro se puede dar en nuestra relación con el dinero. Si un individuo tiene creencias en su sistema como "soy una persona inteligente que puede generar riqueza"; "estoy bien preparado y puedo obtener grandes resultados en mi trabajo";o "mi excelente labor seguramente me va a redituar mucho dinero"; pero al mismo tiempo, en algún momento de su vida arraigó en su mente la creencia moral de que "acumular riqueza es malo"; todos sus esfuerzos tendrán continuamente un lastre que le impedirá avanzar y lograr lo que busca.

¿Cómo es que se pudo instalar esa idea en su cabeza?. Tal vez en alguna ocasión escuchó a alguien decir "soy pobre pero honrado", grabando en su mente el paradigma "si soy rico ya no seré honrado"; o quizás en alguna religión entendió que "la pobreza es esencial para aspirar a una elevación espiritual"; o tal vez solo leyó en algún libro que "el dinero corrompe a las personas"; en fin, muchas son las formas en que se puede nutrir nuestro sistema de creencias; el caso es que nuestro individuo en cuestión, tiene un conflicto paradigmático en su relación con el dinero.

Imaginemos el caso de una persona divorciada que por un lado tiene las creencias de identidad y posibilidad: "Sé lo que valgo y creo que puedo encontrar a una persona igualmente valiosa con quien compartir mi vida y comenzar de nuevo". Al mismo tiempo, esta persona tiene un paradigma moral: "las personas divorciadas no son respetadas, son mal vistas". Creo que en este caso es sencillo visualizar el grado de culpabilidad y miedo con el que esta persona caminará por su nueva realidad. Es muy probable que acabe desvalorizándose y creyendo que no existe nadie que la pueda respetar y amar; cuando es *ella misma* quien siente y piensa que no merece respeto, esta es *su* realidad.

Una vez más, porque necesito que quede muy claro: <u>ninguna creencia es mala o buena por sí misma</u>. Tus creencias te funcionan o no te funcionan, así nada más. Si actualmente tu vida fluye en equilibrio y en armonía, tienes lo que deseas y disfrutas lo que tienes, entonces es claro que tu sistema de creencias te es funcional. Si pasas por extensos momentos de desequilibrio, tristeza o te sientes incompleto, entonces te será funcional que cambies algunas de tus creencias. Pero si tu camino va totalmente en sentido contrario de lo que tú quieres, entonces es evidente que tienes que replantearte gran parte de tus creencias, porque son ellas las que te han colocado en el lugar que ahora te encuentras.

Para lograr transformar un sistema de creencias, tenemos que hacernos tres preguntas muy sencillas sobre cada uno de nuestros paradigmas.

La primera es:

¿De dónde obtuve la información para diseñar el paradigma?.

Identificar el origen de un paradigma nos permite saber el tipo de creencia que es y lo más importante: el *cómo* lo colocamos en nuestra mente. ¿Nos lo dijo alguien que es importante para nosotros?; ¿lo escuchamos o leímos en algún lugar?; ¿nos lo enseñaron?; ¿fue producto de alguna experiencia propia?. Si detectamos la forma en que ingresó un paradigma a nuestra mente, será mucho más sencillo sacarlo o transformarlo en caso de que no sea funcional; lo que nos lleva a la segunda pregunta:

¿Es funcional este paradigma para mi vida?.

Para contestar esta pregunta primero debes tener muy claro lo que deseas *realmente* en tu vida; ojo con esto, no es lo que tu mamá espera de ti, lo que tu pareja quiere o lo que a tus amigos les gustaría; debes definir lo que *tú* quieres para *tu* realidad. A partir de ser conscientes de lo que queremos, podremos saber si nuestras creencias nos están llevando a emociones y pensamientos que generen acciones que a su vez nos lleven a crear lo que deseamos; es decir, una creencia funcional es aquella que me permite crear la mejor versión de mi mismo.

Si por el contrario, esa creencia está deteniendo lo que puedo ser o destruyendo lo que soy, es conveniente hacernos una tercera pregunta:

¿Cómo puedo transformar este paradigma para hacerlo funcional?

Esta el la parte de "ingeniería estructural de la mente". Es más sencillo *transformar* una creencia que cambiarla. Cambiar es sólo conveniente cuando un sistema es tan disfuncional que hay que trabajar desde los cimientos. En la mayoría de los casos lo que hay que hacer es transformar y alinear los paradigmas en cada una de las áreas de nuestra vida que no estén funcionando. A veces es conveniente recibir ayuda externa en este punto para poder identificar y modificar; probar y ajustar. Es como poner "a punto" un automóvil; lo metes al taller y lo "afinas" para lograr su mejor rendimiento.

En este libro, lo que nos ocupa es el tema del amor. Por eso, a partir de este momento, y una vez que ya revisamos los procesos de la mente; te voy a compartir el cómo puedes trabajar esta área tan importante en nuestra vida para que la pongas "a punto", y tengas herramientas y capacidades que te permitan obtener, desarrollar y hacer crecer el amor en tu vida.

IV.- EL ENGAÑO MÁS GRANDE

Estamos por revelar uno de los mayores engaños en la historia de la humanidad; un paradigma que nos pierde en un laberinto sin salida; una premisa que nos ha confundido por siglos y nos ha hecho buscar donde no lo hay…

"Alguien nos va a dar amor"

¡Imposible!… nadie, ni nada, nos puede dar amor; ni tu mamá que te quiere tanto, ni ese primer amor puro e inocente, ni tu perro, ni tu hijo… nadie.

Antes de que salgas huyendo ante tal noticia, permíteme explicártelo y te darás cuenta de que no es tan grave como parece; al contrario, al entender lo *que es* el amor tendrás en tus manos una gran herramienta para poder generarlo y tomar el control sobre tus sentimientos.

En capítulos posteriores identificaremos lo que es y lo que no es el amor; pero primero vamos a analizar, de una forma sencilla, el porqué es imposible dar y recibir amor. Para tal fin, vamos a recurrir a una analogía básica del amor con el aroma, para que me puedas seguir.

Cuando eres una persona limpia, aseada, que procura hacer lo necesario para mantener un buen olor; entonces seguramente tendrás un buen aroma. Si por el contrario, no te bañas y descuidas tu higiene personal, es sumamente probable que tengas un mal aroma. A partir de este supuesto, las personas a tu alrededor te percibirán como una persona con agradable o con desagradable olor, según sea el caso.

De la misma forma, nosotros tenemos una percepción de la gente que nos rodea en cuanto a su aroma; puede haber personas que nos guste mucho como huelen, otros que nos son indiferentes, y algunos cuantos que nos desagraden por el olor que tienen.

Esta característica del aroma está implícita en nosotros, es decir, no es que vayamos por ahí "dando nuestro olor"; es lo que somos y los que nos rodean lo perciben porque es nuestra esencia, y con el simple hecho de ser y estar, los demás pueden sentirlo.

Con el amor sucede exactamente igual. Cuando generamos de forma funcional amor en nosotros, empieza a fluir de tal manera que la gente a nuestro alrededor puede percibirlo y sentirlo; porque es lo que somos, es nuestra esencia.

Obviamente que si dentro de nosotros generamos miedo, odio o rencores; las personas a nuestro alrededor también podrán percibirlo y, como sucede con el aroma, buscarán alejarse porque será desagradable y poco soportable; siempre y cuando no tengan eso mismo dentro, porque en ese caso entrarán en "sintonía" y lo sentirán como algo "normal" ya que están acostumbrados a vivir así, tal como sucede con los olores. Una persona que vive en un lugar que huele muy mal, al pasar el tiempo se acostumbra y deja de percibirlo como algo raro o desagradable.

¿Me sigues?; ¿te empiezas a dar cuenta del mecanismo y movimiento del amor?. Nada fluye con más naturalidad que este elemento; pero continuamente ponemos obstáculos en su camino y lo queremos dirigir hacia lugares donde se estanca y deja de fluir.

Ahora, y volviendo a la analogía, resulta de lo más natural que te guste el aroma de una persona, o que a alguien le atraiga como hueles; pero estarás de acuerdo en que sería muy extraño que alguien se acercara y te dijera: "me gusta como hueles, dame tu olor"; o que tú te acercaras a alguien diciéndole: "dejame darte mi olor, te va a encantar"; o imaginate molesto porque una persona se esta "llevando" tu aroma al olerte.

Suena absurdo, ¿no crees?, pero resulta que eso es lo que intentamos hacer con el amor; creemos que se trata de "dar" o "recibir" algo que no se puede poseer. Tú lo puedes generar, puedes sentir y pensar a partir del amor, puedes actuar desde el amor, puedes ser amor; pero nunca podrás meterlo en una cajita, ponerle un moño y regalarlo.

Tampoco puedes esperar que alguien llegue con un "tanque de amor", cual si fuera oxigeno, para que lo respires y te llenes de amor; no, el amor solo existe en estado libre, de fluidez, y no se puede poseer.

Cuando alguien pretende prometer algo como: "voy a ser el amor de tu vida" en realidad está prometiendo un imposible. Puedo prometer "ser mucho amor junto a ti" o "amarte cada día" pero jamás podré hacerme responsable de "tu" amor, del amor que solo tú puedes generar en tu interior.

El termino "yo te amo" para muchos significa "yo te doy mi amor"; cuando de forma funcional debe codificarse como "yo genero amor a partir de la realidad que tu representas para mi". La pregunta consecuente: ¿tú me amas?, debe ser a su vez codificada como: "¿generas amor a partir de lo que yo represento para ti?". Con base a esta decodificación, ambas partes conservan el control de lo que ellos son. Si una persona decide dejarme de amar, el conflicto de mi sistema es menor; ya que en mi realidad, no me está "quitando" absolutamente nada; yo puedo seguir generando amor a partir de otras cosas o personas que se proyecten en mi sistema.

Al contrario, cuando creemos que alguien al amarnos nos está de alguna forma "dando amor", es donde entregamos el control de lo que somos, creamos una realidad en la que la falta de esa persona representa también la ausencia del amor mismo.

En este punto, es importante hacer mención de la trascendencia de rodearnos de individuos que generan amor. Si bien hemos explicado la imposibilidad de recibir amor, y volviendo a la analogía; recordarás que sí podemos percibirlo y sentirlo. Esta vibración (que más adelante analizaremos de forma científica), nos permite situarnos en un estado de equilibrio y armonía desde el cual nos será mas fácil crear nuestra realidad de amor. Al igual que lo sentimos con una persona que "huele bien", una persona que vibra en el amor nos hace sentir cómodos en su compañía y nos da esa sensación de plenitud, así como la posibilidad de crecer y desarrollarnos con libertad… la libertad del amor.

No sólo podemos percibir el amor de las personas; otros seres vivos como los animales y las plantas también poseen una fuerte esencia vibratoria de amor; por lo que colocarnos en sintonía con la naturaleza es muy importante para equilibrarnos y ubicarnos en un contexto armónico y funcional.

La idea fundamental que he tratado de compartir contigo en este capítulo, es la de la necesidad de transformar en nuestro sistema de creencias los paradigmas de: "buscar amor en otra persona", "intentar dar amor" o "necesitar que nos den amor". Es muy importante que lo entendamos: *nadie nos puede dar amor*; y esto implica liberar de la responsabilidad de nuestra realidad de amor a todos los que nos rodean: padres, hijos, parejas, amigos… nadie es responsable de que tengamos amor en nuestra vida; sólo nosotros lo podemos generar y lo podemos crear como una realidad propia y particular.

Te invito ahora a conocer la "física y química" del amor; para que podamos entender lo que es y más adelante aprendamos a generarlo.

V.- LA ENERGÍA
DEL AMOR

"…Si quieres entender el Universo piensa en energía, frecuencia y vibración…"

Nikola Tesla

En cada momento y en todo lugar estamos rodeados de energía; nosotros mismos somos energía constante capaz de mover y transformar. La energía tiene la particularidad de que, aunque no la veamos, la podemos percibir y sentir sus efectos.

Existen diversos y muy diferentes tipos de energía. Tenemos por ejemplo la cinética (producida por el movimiento), la eléctrica o la magnética. También tenemos las que usualmente no ubicamos tan claramente como energías, como pueden ser la térmica, la luminosa o la sonora; estas entre varias más.

Seguramente habrás escuchado varias veces la referencia al amor como una "energía", pero casi siempre como una alusión que conlleva una referencia "mágica" o "mística". Lo que ahora te voy a compartir tiene un enfoque de naturaleza científica; que si bien no busca profundizar en la física teórica, sí es muy necesario para que podamos entender, en esencia, lo que es el amor y como se procesa en nuestro sistema a la vez que nos sirve para interactuar con otros individuos.

Al amor lo podemos definir como una energía de tipo cuántico; es decir, generada a partir del vacío subatómico, ampliamente estudiado por científicos como Einstein o Tesla a principios del siglo pasado; aunque existen registros de que culturas como la China y la Indú, ya tenían conocimiento de la existencia de este tipo de energía desde hace más de tres mil años.

Fueron los griegos, con personajes como Pitágoras o Hipócrates, quienes sentaron las bases científicas de lo que se empezaría a llamar como vibración y frecuencia; es decir, la materia como fuente de energía.

Después de más de dos mil años de desarrollo científico, sería Einstein quien rompería el paradigma de la física clásica al postular: ”No existen dos entidades físicas fundamentales (algo material e inmaterial) sino sólo una: la energía. La masa no equivale a la energía, la masa es energía”. Es a partir de este postulado relativista que empezó la exploración del mundo atómico, poniendo en evidencia el hecho de que el núcleo y los electrones no eran la unidad constitutiva básica de la materia, ya que existen componentes más pequeños: las partículas sub-atómicas; conocidas como protones y neutrones.

Cuando el avance de la tecnología nos permitió analizar más allá del núcleo del átomo, se descubrió que a ese nivel todas las partículas son la misma cosa: quantums de energía con una forma dinámica rotatoria que dan forma a lo que actualmente se le conoce como "fermiones" y "bosones"; las partículas elementales de la naturaleza.

La llamada "teoría de cuerdas", ha venido a revolucionar en los últimos años el mundo de la física, al postular que en realidad no estamos hablando de "partículas" sino de pequeñísimas "cuerdas" o "filamentos" que al tener determinada vibración se pueden transformar y ver como algo distinto. A partir de esto, los bosones, unidades energéticas elementales, se pueden presentar en forma de fotón, de gravitón, de bosón de Higgs (la famosa "partícula de Dios), o de taquión; el cual, y con fines de entender al amor como energía, es nuestro punto de interés.

Un taquión, nombrado así por por el eminente físico George Sudarshan en 1968, es una partícula capaz de moverse a velocidades superlumínicas, y que da lugar a lo que conocemos como energía taquiónica; la cual podemos entender como la fuerza vital, infinita y sin dimensiones que puede fluir a través del vacío sub-atómico de nuestro cuerpo; es decir, se constituye como nuestra energía esencial y tenemos la capacidad de irradiarla para ser percibida por los que nos rodean.

Algunos le llaman también "energía sutil"; yo le llamo directamente la "energía del amor".

Sé que muchas veces has sentido esta energía; seguramente has podido ver su fuerza actuar, la has percibido fluyendo en ti y has notado el efecto de su debilitamiento. También es muy posible que hasta hayas dudado de su existencia; educados como estamos con paradigmas de únicamente creer lo que nuestro espectro visual puede detectar, es fácil creer que el amor es sólo un invento romántico o una visión mística; pero no, la energía del amor existe, es una posibilidad de elección y si tú lo decides puede convertirse en tu realidad.

Como podrás ver, este pequeño "recorrido científico" básico era necesario para contextualizar la naturaleza del amor como energía. Una vez conocidos los principios físico-teóricos del amor, vamos a ver como funciona de manera práctica en nuestro día a día.

La forma en que percibimos la energía que nos rodea es sencillo de entender, ya que desde muy pequeños hemos estudiado y tenemos consciencia de 5 sentidos básicos a través de los cuales detectamos los diferentes estímulos energéticos de nuestro entorno.

Nuestro sentido del gusto (conectado estrechamente con el sentido del olfato), detecta de manera primaria 5 sensaciones, que son dulce, salado, amargo, agrio y ácido. Para lograrlo es necesario que pequeñas partículas entren en contacto con microreceptores energéticos que mandan señales al cerebro para ser decodificados. Esto se da de la misma forma tanto en la lengua como en la nariz.

Algo parecido sucede con nuestro sentido de la vista. La energía lumínica llega a nuestros ojos, que son capaces de reconocer 3 colores primarios (magenta, cían y amarillo), así como la intensidad de esa energía (claro u oscuro). Los ojos mandan la señal al cerebro para que este decodifique absolutamente todo lo que percibimos a partir de ellos.

En el sentido del oído encontramos 7 sonidos primarios que son transmitidos por energía vibratoria, y que nuestro oído es capaz de captar en frecuencias de entre 20 y 20,000 Hz.

Después tenemos al órgano mas extenso: La piel; responsable de percibir a través de miles de terminaciones nerviosas, estímulos energéticos como presión, temperatura o dolor. Además, el sentido del tacto es muy importante al ser el responsable de nuestra percepción espacial de la tridimensionalidad en la que existimos.

Antes de continuar con un sentido más, el cual se relaciona con la percepción del amor; te hago una pregunta: ¿Notaste que en todos los receptores que revisamos hablamos solamente de la detección de estímulos energéticos por medio de los sentidos? En ningún momento mencionamos "recibir sabor", "tomar luz" o "acumular sonido"; absolutamente nada que implique dar o recibir algo. Todas estas energías únicamente son percibidas y provocan algún tipo de estímulo. Con esto estamos reafirmando lo aprendido en el capítulo anterior: nada ni nadie le pueden dar amor a alguien; al ser una energía que se genera en uno mismo, lo que hacemos es irradiarla y es entonces cuando puede ser captada provocando estímulos en quien la percibe.

Es aquí donde surge la pregunta obvia: ¿Con qué parte de nuestro cuerpo percibimos la energía del amor?. La respuesta la encontramos en una pequeña glándula endocrina de escasos 8mm, con forma de pino y situada justo en el centro de nuestro cerebro: La glándula pineal.

Esta glándula es la responsable de la producción de melatonina, la hormona que regula los biorritmos del organismo; y funciona mediante procesos de transducción, en los cuales la información captada por las células receptoras -energía taquionica de alta frecuencia vibratoria- se convierte en energía eléctrica y luego se manda al cerebro.

Esta función como transductor neuroendocrino (transformador de energía), permite disipar esa señal energética por todas las células de nuestro cuerpo, llegando a otras glándulas y órganos.

Aunque nuestro cuerpo lo podemos definir como un receptor integral de amor en forma de energía; es en los ojos donde tenemos los receptores que más intensamente captan la información de su vibración. Junto con la energía fotónica que entra por ellos, podemos captar también la energía taquiónica que la glándula pineal transforma en energía eléctrica para ser decodificada por el cerebro.

Yo sé que ahora estás cayendo en cuenta de que esto que te estoy diciendo ya lo has vivido. El mirar a los ojos de otra persona es la forma más sencilla de transmisión energética que poseemos; y seguramente en más de una ocasión habrás podido percibir el amor que fluye a través de las miradas. Es muy probable también que hayas creído que es sólo una "sensación", una ilusión; pero con lo que te he mostrado puedes darte cuenta de lo real que puede llegar a ser y del potencial que esto tiene.

Como puedes ver, el amor no es "magia" ni un misterioso proceso. El avance de las investigaciones científicas nos ha permitido comprender de gran forma lo que sucede con nuestro cuerpo a nivel energético.

Más adelante te explicaré como funciona lo que llamo el "circuito del amor" en las relaciones de pareja y con otras personas (capitulo IX "la sinergia del amor); pero por el momento lo importante es que entendamos al amor como esa energía vital que podemos generar dentro de nosotros y a la vez percibir en los seres que nos rodean. Recordar que esta energía no se puede dar ni recibir como un acto de posesión, ya que se encuentra en contante estado de fluidez; pero su frecuencia vibratoria sí la podemos percibir, y con ello estimular la generación de esa misma energía dentro de nosotros. Esto lo lograremos al vibrar en esa misma frecuencia, provocando una resonancia que amplificará la energía y pudiendo ser a su vez percibida por todo lo que nos rodea.

Ahora vamos a tomar una ruta alterna para adentrarnos a los caminos de lo que *no* es amor, y en donde te darás cuenta de que gran parte del problema es que, nos confundimos de tan diversas formas, que es fácil acabar buscando donde no hay.

VI.- ENAMORARSE NO ES AMOR

*"…Quiero libertad en un mundo material,
sentir el amor sin volverme a enamorar…"*

"Reptilectric"
(León Larregui)

"¿Y el amor?", pregunta el personaje de Keanu Reeves en una escena de la película "El abogado del diablo". "Sobrevalorado; bioquímicamente no es diferente a comer grandes cantidades de chocolate"; le responde el personaje interpretado por Al Pacino.

Y así es; si lo vemos desde un punto de vista químico, lo que conocemos como "enamorarse" no es amor; es más bien un "bombardeo" de neurotrasmisores (dopamina, adrenalina, endorfinas etc.), que emiten mensajes activadores a nuestro sistema nervioso central, y es entonces cuando sentimos ese placentero estado al que equivocadamente le llamamos amor.

Pero vayamos desde el principio. Retomando lo que aprendimos en capítulos anteriores; el que una persona te resulte atractiva tiene que ver en primera instancia con tu sistema de creencias. Desde muy temprana edad, y en base a lo que nos enseñan, lo que vemos en películas, lo que leemos en algún lado, o por nuestras propias experiencias; vamos perfilando al tipo de persona de la cual nos podríamos enamorar.

Son nuestros paradigmas los que definen si nos atraen más las personas altas, o las que tienen ojos cafés;

si es importante para nosotros que tengan el cabello largo o si es indispensable una determinada constitución muscular. Pero no sólo es el aspecto físico lo que perfilamos, también lo hacemos con el carácter. Podemos imaginarnos con una persona bromista y alegre, o tal vez tenemos paradigmas de que es mejor una persona seria y reservada. Recuerda que los paradigmas de posibilidad son sumamente amplios y diversos, y pueden surgir tantas posibilidades como humanos existimos.

Sin embargo, al momento de perfilar las características que debe de tener esa potencial "persona ideal", hay unas creencias que toman mucha fuerza; y son las que tienen que ver con los aspectos culturales y sociales. Aquí nos encontramos paradigmas de religión, nacionalidad, situación económica, nivel educativo etc.; los cuales usualmente son determinantes al momento de mandar la señal al cerebro de si una persona es viable o no, desde nuestro sistema de creencias.

Esto es sumamente entendible si partimos del hecho de que somos seres eminentemente sociales; es decir, para desarrollarnos hemos elegido pertenecer y adherirnos a grupos dentro de los cuales crecemos, al tiempo que compartimos creencias semejantes, y resulta más probable encontrar una persona ideal dentro de nuestros propios grupos.

Aquí es cuando entran en acción ese conjunto de creencias con las que establecemos lo que estamos en posición de obtener; ¿recuerdas cuáles son?; sí, las creencias de merecimiento.

Si una vez que perfilaste con todo detalle a tu persona ideal, créas al mismo tiempo un paradigma del tipo: "muy bonito pero eso sólo pasa en las películas"; o "ese tipo de persona no está a mi alcance"; o peor aún "la persona que yo quiero para mi vida no existe"; entonces tú mismo estarás poniendo el freno a una posible realidad. No olvides lo que aprendimos: las creencias de merecimiento son las que abren la puerta de la realidad que deseas o la cierran irremediablemente; dejándote la extraña sensación de que nunca encuentras lo que estás buscando.

Supongamos ahora que tenemos correctamente alineado todo nuestro sistema de creencias y que, además de tener perfilada a esa persona ideal, también estamos convencidos de que existe y está a nuestro alcance. Nuestra posición será entonces la de empezar a detectar personas que se adapten en lo mas posible a ese modelo diseñado por nosotros mismos. Como todos los paradigmas, habrá algunos que podremos cambiar en el proceso, pero también habrá otros indispensables para seguir adelante. Encontremos en el camino a personas que, dado nuestro sistema de creencias, nunca veremos como posibles; otras que nos llamarán la atención por cumplir con algunos de nuestros paradigmas; y seguramente algunas que se acercarán en gran medida a nuestro ideal.

Aquí es donde entrará en acción la química. Sería muy complicado ir por la vida con una lista en la mano conteniendo cada uno de los paradigmas con los que has diseñado a esa persona especial y "palomearlos" cada vez que conoces a alguien. Pero no te preocupes, tu cerebro tiene toda la información, y cuando percibe que tus "necesidades" se cumplen con determinada persona, rápidamente segrega diversos neurotransmisores para avisarte que la has encontrado. El proceso de "enamoramiento" está en marcha.

Seguro has sentido esa sensación placentera al mirar o estar cerca de una persona que te provoca grandes descargas de dopamina, lo que te lleva a estados que parecieran de ingravidez en los que todo es hermoso alrededor. Esto no es un problema, ¡al contrario!; son momentos que valen la pena experimentar, vivir y disfrutar. Es una forma natural de llevarnos a lugares de intensidad y en los que nuestra experiencia humana alcanza niveles altos de plenitud.

El problema empieza cuando definimos a esta sensación placentera como amor y, aún mas grave, cuando pensamos que ese estado puede durar el resto de nuestra vida, cuando en el mejor de los casos podría alargarse por unos cuantos años.

Expliquemos el proceso para entenderlo mejor. Como es de esperarse, la primera información que llega a nuestras neuronas es normalmente lo que nuestros ojos ven, aunque en algunos casos puede ser un aroma o un sonido. El concepto de "amor a primera vista" tiene que ver con este primer desencadenamiento de noradrenalina; que es el neurotransmisor que induce a la euforia en el cerebro, excitando al cuerpo y dándole una dosis de adrenalina natural. Esto hace que el corazón lata más rápido, la presión arterial se eleve y hace que respiremos más pesadamente para que llegue más oxigeno a la sangre. Lo anterior provoca síntomas ampliamente conocidos por todos, como pueden ser las palmas de las manos sudorosas y los rubores en las mejillas, clásicos en la primera etapa del enamoramiento.

Una vez superada esa primera impresión y que empiezas a conocer más a profundidad a la persona, tu sistema de creencias pone a prueba la viabilidad de una relación con ella. Si tus paradigmas de posibilidad se van satisfaciendo en su mayoría, un nuevo neurotransmisor entrará en acción: la serotonina; la cual actúa sobre las emociones y el estado de ánimo. Es la responsable del bienestar; genera optimismo, buen humor, sociabilidad y es conocida por representar un papel importante en la inhibición de la ira y la agresión. Niveles bajos de serotonina están asociados con la depresión y la obsesión; los cuales son también generalmente relacionadas al llamado "desamor".

Si además de satisfacer nuestros paradigmas de posibilidad, la otra persona también ve satisfechos los suyos y nos responde de manera positiva; la autoestima se elevará y al mismo tiempo se generará aún más serotonina; es decir, nos vamos a sentir extremadamente bien, como si nuestro alrededor fuera otro; todo lo veremos lindo y bonito.

¿Me sigues?; ¿te das cuenta de que estás creando realidad a partir de *tus* propias creencias?. Este proceso de enamoramiento no es una ilusión, es *tu* realidad generada desde *ti* mismo; una hermosa experiencia que aún tiene más por delante cuando entra en acción la llamada "droga del amor".

La dopamina es un neurotransmisor frecuentemente mencionado como el causante de las sensaciones placenteras; pero además también tiene otras funciones como la coordinación de ciertos movimientos musculares, la regulación de la memoria, los procesos cognitivos asociados al aprendizaje; e incluso se ha visto que tiene un papel importante en la toma de decisiones.

Este poderoso neurotransmisor está involucrado en un complejo sistema cognitivo que nos permite sentir motivación y satisfacción; lo que usualmente conocemos como *sensación de placer*.

Estos 3 neurotransmisores que hemos analizado (noradrenalina, serotonina y dopamina) fluyen por nuestro cuerpo por medio de una hormona llamada oxitocina; la cual a su vez es activada por descargas de feniletilamina, un compuesto químico de la familia de las anfetaminas; el cual es el mismo que contiene el chocolate (de ahí su relación con las sensaciones de "estar enamorado" tan placenteras que produce al comerlo).

La oxitocina también tiene un papel muy importante para permitir que un proceso de "enamoramiento" pueda durar más allá de un breve momento. Esto se da porque ayuda a forjar lazos permanentes entre las personas tras la primera oleada de emoción. La hormona actúa "cambiando las conexiones" de miles de circuitos neuronales, interconectando la imagen y presencia de la otra persona con nuestras sensaciones.

Como podrás ver, hasta aquí todo va muy bien; te sientes excelente y todo fluye alineado a construir una relación que busque una realidad compartida que se pueda convertir en amor. ¡Así es!; este es el punto fundamental: este proceso químico que hemos revisado a detalle *no es amor*. Lo que sucede es que al referirnos a él como un proceso de "enamoramiento", lo percibimos de forma etimológica como "estar en el amor"; lo cual está totalmente fuera de lugar. En todo caso, y según los principios científicos explicados, podríamos hablar de un proceso de "bioenquimicamiento", valga la palabra; esto es, te encuentras inmerso en una poderosa y placentera experiencia bioquímica.

Si llegado este momento crees que eso que sientes fluyendo por tu cuerpo es amor, o dicho de otra forma, que ya encontraste el amor; entonces vas a iniciar un incremento inconsciente y descontrolado de dopamina, en tu deseo por extender lo más posible dicha sensación, hasta el punto de confundirte y desestabilizarte por el exceso de este neurotransmisor y por la dependencia química que puedes generar posteriormente.

Expliquemos. En primer lugar, la mayor presencia de dopamina en ciertas regiones cerebrales de un individuo, hace que este se vuelva demasiado optimista con sus expectativas y asuma riesgos demasiado altos. Aunado a lo anterior, las cantidades excesivas de este neurotransmisor en el cerebro pueden llegar a producir síntomas psicóticos, como alucinaciones o delirio.

A partir de esto, es fácil entender que el entrar en un proceso de enamoramiento de forma inconsciente, dejándote caer con la idea de que estás inmerso en el amor eterno, te va a llevar seguramente a la toma de decisiones poco funcionales. En sentido práctico estás "anestesiado" y vas a dejar de ver cosas importantes que son visibles para todos menos para ti. Empezarás a idealizar a la persona elegida creyendo que es *ella* la que te hace sentir tan bien, cuando en realidad es *tu* propio sistema de creencias el que te ha colocado en esa placentera situación.

Al avanzar en la relación, y siguiendo bajo altas cargas de los diversos neurotransmisores, empezarás a dejar pasar por alto algunos de tus paradigmas que eran esenciales. Actitudes, situaciones y comportamientos que no entraban en tu sistema de creencias, sorprendentemente podrán ser tolerados por ti, validando así, el famoso paradigma aquel que asegura que "el amor es ciego". Es por esto que, cuando pase el periodo de enamoramiento, te darás cuenta poco a poco de que la persona con la que decidiste compartir tu realidad de vida no es la que tu sistema de creencias había perfilado; trayendo una importante carga de frustración a tu vida.

Según diversos estudios, este periodo de enamoramiento puede durar entre cuatro y seis años, y esto gracias a la oxitocina, de otra forma sólo tendríamos procesos de días o semanas. Creo que vislumbrar el porqué de tanta fragilidad en las relaciones basadas en el enamoramiento como su sustento principal, es sencillo a partir de lo que hemos explicado.

Hay un peligro más al confundir el amor con el enamorarse, y es la adicción que se puede llegar a generar. Al elevar los niveles de dopamina en el cerebro, el enamoramiento está actuando como la cocaína o las anfetaminas, los cuales actúan del mismo modo aumentando los niveles del neurotransmisor y generando una experiencia placentera que estimula a un individuo a volver a tomar la droga.

La intensa sensación de placer producida por los altos niveles de dopamina en el cerebro, también se guarda en la memoria a largo plazo, relacionando al agente causante (droga o enamoramiento) con una sensación de gratificación. Estos recuerdos formados por los altos niveles del neurotransmisor producen un deseo de volver a sentirlos que pueden persistir por años.

Cuando alguien se visualiza como una persona que se enamora fácil y frecuentemente, un ser "romántico" que siempre requiere estar enamorado para disfrutar de esa placentera sensación; podríamos pensar que se trata de un verdadero "adicto al amor". En realidad este tipo de personas son *adictas al enamoramiento,* a la sensación químicamente placentera que produce esa primera etapa de contacto en una relación y que puede llegar a ser sumamente intensa y adictiva. El problema es que al disminuir el flujo de oxitocina y los neurotransmisores por el cuerpo, lo cual ocurrirá de forma natural al transcurrir determinado tiempo; la persona buscará la forma de seguir satisfaciendo su necesidad de generar placer a partir de enamorarse de nuevo una y otra vez; al igual que sucede con un adicto a cualquier droga.

Como te podrás imaginar, esta es una realidad de vacío y sufrimiento que causa insatisfacción al igual que cualquier otro tipo de adicción. El enamorarse con el fin único de conseguir el placer que este proceso conlleva, solamente llena el momento, pero al final te deja incompleto. Es en estos momentos cuando las personas tienden a "culpar" al amor; piensan que "aman pero no son correspondidos", que "el amor no existe"; cuando lo que sucede es que están confundiendo la verdadera naturaleza del amor y siempre sentirán al final que algo le falta a su vida; que no encuentran lo que están buscando.

Definitivamente el ciclo de producción de la oxitocina también tiene mucho que ver con un concepto al que llamamos Infidelidad. En una relación que se fundamentó y se creó a partir de la creencia de que el enamoramiento es amor y que durará por toda la vida; químicamente podríamos decir que la infidelidad es normal y algo esperado. Cuando pasados 4 o 6 años la producción de neurotransmisores disminuye y el enamoramiento se termina, el pensamiento mas obvio es que lo que se creía que era amor también se terminó. A partir de este paradigma, podría surgir una necesidad de llenar el vacío existente; siendo la forma más sencilla el buscar un nuevo proceso de enamoramiento en una nueva relación.

Si la persona mantiene el paradigma de que el enamorarse es amor y de que es la base de una relación, seguramente se repetirá el ciclo de forma insatisfactoria; porque en esta nueva relación, y en las subsecuentes, también encontrará caducidad en el proceso del enamoramiento.

Es muy probable que a estas alturas te estés preguntando: ¿y bueno?... si gran parte de mis paradigmas acerca del amor están confundidos y me doy cuenta de tantas cosas y sensaciones que no son amor… entonces… ¿en dónde está el amor?.

Ya casi llegamos a ello; a lo que sí es amor y al como puedes construir relaciones contigo, con una pareja, con familiares y con cualquier ser a tu alrededor; basadas en un fundamento de amor funcionalmente verdadero. Pero antes necesitamos analizar juntos una última y muy cotidiana confusión paradigmática del amor: el sexo.

VII.- AMOR Y SEXO:
EL DUETO CONFUSO

"... El amor es la respuesta, pero mientras esperas la respuesta, el sexo plantea algunas preguntas bastante interesantes..."

Woody Allen

Después de haber profundizado en cómo funciona la química en el proceso del enamoramiento, seguramente te resultará mucho más fácil comprender lo que te compartiré ahora.

Hacer el amor, make love, faire l'amour, fare l'amore, fazer amor; en todos los idiomas y en todas las culturas se ha buscado unir los conceptos de amor y sexo como si fueran la misma cosa, creando un dueto sumamente confuso.

Tenemos que definirlo muy bien: *una relación sexual no es amor*; y, al igual que ocurre con el enamoramiento, puede ser una experiencia muy placentera y funcional en varios aspectos, pero el confundir los términos genera inestabilidad y apego a las sensaciones que se experimentan; creando relaciones frágiles sustentadas en estructuras poco funcionales. Un poco más adelante hablaremos del cómo se pueden unir estos dos conceptos, pero antes analicemos lo que sucede en nuestra mente y nuestro cuerpo durante una relación sexual.

Empecemos por entender que, esencialmente, las relaciones sexuales entre los seres humanos tienen un carácter hormonalmente instintivo; así como lo podemos también ver en todos los mamíferos y algunos reptiles. La sustancia que tenemos en común para despertar el deseo sexual es la testosterona, una hormona esteroidea que en los mamíferos es producida principalmente en los testículos de los machos y en los ovarios de las hembras; así como también en pequeñas cantidades por las glándulas suprarrenales.

Hablando de los humanos en promedio, la concentración de testosterona en el plasma sanguíneo en un adulto masculino es diez veces mayor que la concentración del femenino; lo que nos permite ir entendiendo porque el instinto sexual es generalmente mayor en los hombres, aunque en la mujer también intervienen hormonas como los estrógenos y la progesterona.

Pero, si el sexo es instintivo ¿porqué el ser humano no actúa igual que otros mamíferos?; ¿qué nos hace detener ese impulso instintivo?. Para explicarlo nos remitiremos a los estudios realizados por el famoso neurólogo austriaco Sigmund Freud, quien definió como "la libido" a esa energía de los instintos que dirige toda forma de conducta. Inicialmente afirmó que la libido siempre tenía un carácter sexual; sin embargo, a medida que desarrolló su teoría incluyó otros tipos de energía en este concepto.

Según Freud, la libido se encuentra contenida en el *Ello*, una de las tres estructuras de la mente descritas por él. Mientras que el *Ello* representa la parte más básica y primitiva de nuestro ser, el *Yo* y el *Superyó* surgen a lo largo del desarrollo de la persona para enfocar las necesidades de nuestro sistema y del entorno, además de proveernos de todos esos paradigmas de los que tanto hemos hablado.

El *Ello* está regido por el principio de placer; esto significa que dirige el comportamiento hacia la obtención de placer inmediato; es decir, de forma semejante a la de cualquier otro mamífero. Además esta parte de la psique depende de procesos inconscientes, de modo que frecuentemente no sabemos cuáles son los impulsos que motivan nuestra conducta. Al encontrarse en esta estructura mental, podemos concluir que nuestro deseo sexual (la libido) es netamente instintivo.

Por su parte, el *Yo* se ocupa de obtener gratificación teniendo en cuenta el principio de realidad. Esto significa que el *Yo* contiene la energía libidinal del *Ello* para que sus instintos puedan ser satisfechos de un modo adecuado a las exigencias del entorno y del momento, llevándonos a pensar en las consecuencias prácticas de lo que hacemos.

A continuación, el *Superyó* cumple la función de modelo de comportamiento para el *Yo*. En esta estructura residen los paradigmas sociales interiorizados a través de la interacción con otros miembros del mismo grupo social, en particular los padres y otras figuras de autoridad; es decir, el *Yo* sólo piensa en las consecuencias prácticas, mientras que el *Superyó* añade las consecuencias morales.

Así, y concretizando el proceso del comportamiento sexual en los seres humanos; la libido del *Ello* empuja al *Yo* a obtener placer mientras que el *Superyó* prioriza la moralidad.

El *Yo* no es simplemente una entidad que limita la influencia de las otras dos; en él encontramos el equilibrio consciente que se rige por una lógica pragmática y de supervivencia.

Como puedes darte cuenta, el ser humano a construido toda una estructura mental muy compleja que define su comportamiento sexual de forma diferente a la de otros mamíferos, lo que nos permite controlar nuestros instintos. Pero la pregunta importante es: ¿en qué momento se nos ocurrió ligar esta conducta reproductiva hormonalmente instintiva con el amor?. La respuesta a la incógnita está encerrada en una sola palabra: *pasión*

Usualmente concebimos el concepto de "pasión" como algo necesariamente positivo, incluso como una forma de amor exacerbado que se muestra como la máxima expresión al actuar. Vayamos a la etimología para entender porque lo anterior es equivocado.

La palabra pasión viene del latín *patior*, que significa "padecer"; es decir, tiene una connotación de sufrimiento. La razón de este significado es porque los antiguos griegos definían que quien vive una emoción y la lleva a niveles de pasión, en realidad está *padeciendo* una perdida de control. Se decía que se sufre de la intromisión de una fuerza incontrolable en nuestro ser y que por lo tanto ya no somos dueños de nosotros mismos; nos volvemos sujetos pasivos a merced de nuestros instintos y emociones.

A partir de lo anterior resulta fácil comprender la perdida de racionalidad que representa la pasión, sobre todo cuando lo establecemos como un concepto positivo e incluso necesario para lograr conseguir objetivos y vivir plenamente.

Te puedo dar varios ejemplos para que te des cuenta como la pasión puede no ser tan funcional como te imaginabas. Por ejemplo en el deporte; es normal que se hable de apoyar a tu equipo favorito con pasión, cuando en realidad la pasión conduce al fanatismo y a su vez puede llevar a la violencia. Hemos visto episodios de violencia extrema en eventos deportivos donde, más allá de si se gana o se pierde, la irracionalidad prevalece en un fanatismo que se pretende ver como amor por unos colores o por un equipo en particular.

En la política también se habla de defender con pasión una ideología, llegando a discusiones agresivas y posiciones separatistas que llevan a niveles fascistas e incluso a la guerra. Igualmente en este ejemplo los argumentos dejan de apegarse a la razón y al sentido común.

En el caso de las relaciones de pareja ocurre lo mismo. Se toma como algo funcionalmente positivo el que dos personas se "amen con pasión". En realidad dos personas apasionadas están dejando de lado la racionalidad y tienden a comportarse de manera instintiva; es decir, y como vimos anteriormente en la teoría de Freud, se pone por delante el *Ello* y su instinto básico del placer.

Como ya lo he mencionado, esto no es problemático por si mismo, de hecho es completamente natural. El sexo es una necesidad instintiva básica del ser humano, como lo es el comer, que causa placer y que es químicamente muy gratificante como ya lo hemos visto en capítulos anteriores. La disfunción llega cuando creemos que la pasión es una especie de amor exacerbado y profundo, cuando en realidad lo que se magnifica es el instinto en su búsqueda descontrolada de placer.

Si tu paradigma del amor va ligado necesariamente al sexo va a ser muy complicado que puedas establecer relaciones duraderas; por la simple razón de que esa intensa chispa del placer es extremadamente breve. Esto es semejante, por su inconexión funcional, a quienes asocian el paradigma del sexo con el de la culpa. Estos individuos son incapaces de sostener relaciones sexuales sanas, funcionales y placenteras, ya que su visión de sexo está lleno de sentimientos negativos que frustran cualquier actividad de esta índole.

Debemos entenderlo bien... el sexo no es "sucio", no es "pecado" y tampoco es "amor"; es simple y llanamente una necesidad instintiva de los seres humanos; y cada quien, desde su sistema de creencias, elige la forma de vivir y compartir esa experiencia.

Para poder disfrutar del amor con total libertad, es necesario romper sus ataduras. Seguro conoces, o incluso puedes poseer, algunos paradigmas que atan al sexo y la pasión con el amor. ¿Cuántas veces has escuchado que la máxima prueba de amor es una relación sexual?; ¿conoces a alguien que piense que lo más importante que tiene para dar es esa "primera vez"?.

Es cierto que el amor es incondicional y total, pero ese "todo" no es tu cuerpo, entregarlo como acto de amor es reducir la experiencia a un plano instintivo. Tú eres mucho más que una "explosión química". Recuerda que ya establecimos que el amor como energía no se puede dar ni recibir; pero también hablamos de que se puede generar y percibir en todo lo que hacemos.

A partir de esta premisa surge una pregunta interesante: el sexo no es amor pero… ¿existe el sexo *con amor*?. ¡Claro!; cualquier pensamiento, emoción o acción que tengas en tu vida los puedes ***hacer con amor.*** Este es el eje fundamental: Todo lo que hacemos con amor se verá exponencialmente amplificado en su potencial energético, y por supuesto en su resultado funcional. Esto incluye al sexo, pero también a cada una de las actividades que realizas a diario.

Si amas tu trabajo potencializarás tus resultados; si practicas un deporte con amor tus objetivos serán mejor alcanzados; el que cocina con amor obtendrá un mejor sabor en sus platillos; si eres capaz de generar pensamientos de amor antes de dormir seguramente descansarás mucho mejor que si estás preocupado y estresado; y por supuesto, tener una relación sexual con amor te permitirá experimentar altos niveles de placer y plenitud energética. Esto no implica que vayan necesariamente de la mano; puedes dormir, comer o tener sexo por el simple hecho de hacerlo para satisfacer tu necesidad instintiva básica, sin haber amor de por medio.

Como hemos podido compartir hasta aquí, hacer las cosas con amor te permite disfrutar plenamente y llevar al máximo tu vida. Y de esta forma estamos llegando a lo más importante y medular: La generación del amor; conocer su esencia y cómo lo puedes potencializar.

VIII.- LA ESENCIA DEL AMOR

"… El Amor es la fuerza más humilde, pero la más poderosa de que dispone el ser humano…"

Mahatma Gandhi

Desde el primer capítulo de este libro te compartí la idea de que el amor está dentro de ti, de mi y de cada persona; y te dije también que si bien el *dónde* es fácil de explicar, son el *qué* y el *cómo* en los que vamos a profundizar, ya que es en su esencia donde encontraremos la forma de generarlo y potencializarlo.

Recordarás que en capítulos anteriores analizamos a profundidad el hecho de que el amor no se puede dar ni recibir, lo que nos lleva a un siguiente nivel: el amor tampoco se puede poseer; es decir, no lo podemos contener en ningún recipiente, ni guardar, ni congelar para usarlo mas tarde. *El estado esencial del amor es la fluidez*, requiere estar en continuo movimiento para existir y por lo tanto debe generarse constantemente.

Para poder entenderlo mejor vamos a recurrir a una analogía con la energía lumínica. Si tú enciendes un foco en la habitación en la que te encuentras en este momento, comenzará a fluir energía lumínica que podrá ser percibida por ti de diferentes formas, siendo la más obvia la iluminación visible que se proyectará en el todo el lugar. Esta luz estará fluyendo e iluminando constantemente tu entorno haciendo evidente su existencia por el efecto causado; sin embargo tú no podrás tocarla de forma física, ni mucho menos tomarla con tus manos y guardar un poco de esa luz en tu bolsillo para llevártela a iluminar otra habitación.

Podemos decir entonces, que esta energía lumínica sólo existe y es perceptible cuando está fluyendo, no se puede recibir ni dar porque no se puede contener, sólo fluye… *sólo es*.

Volviendo al amor como energía, encontramos que funciona de la misma manera; no se puede contener y su existencia se da al fluir de forma constante, requiriendo que sea continuamente creada dentro de nosotros. ¿Cómo se logra esto?; muy sencillo, generamos amor porque es nuestra esencia… *tú eres amor*.

Así es, este es el punto focal de todo lo que hemos venido platicando: **eres amor**: por lo tanto continuamente lo estás generando y fluye de manera natural dentro de ti.

Piénsalo; puedes *sentir* tristeza, pero tú no *eres* tristeza; puedes elegir sufrir, pero jamás serás sufrimiento. Ese tipo de sentimientos te alejan de tu verdadera esencia y por eso resultan disfuncionales para tu vida, porque al experimentarlos dejas de ser lo que en esencia eres: amor.

En cambio, cuando sientes alegría, cariño, ternura, compasión, empatía; los cuáles representan manifestaciones del amor, contactas con tu esencia y te equilibras, puedes ser lo que realmente eres.

Ahora, la pregunta lógica sería: ¿en qué momento nos "desconectamos" del amor?. ¿Cómo es posible que si soy amor me pueda sentir solo, triste o deprimido en tantas ocasiones?. La respuesta está en lo que llamo *el circuito del amor*

Como ya explicamos, el amor no puede estar estático o contenido, por lo tanto requiere de un "circuito" en donde fluir para permanecer dentro de nosotros; existiendo siempre y cuando pueda circular libremente.

Establecida la premisa de que *somos* amor, se puede entender que en un primer nivel está siendo continuamente generado, y al empezar a fluir pasa a un siguiente nivel, al que conocemos como *paz* o *serenidad*. Es esta la primera manifestación del amor: si percibes que estás en un camino de tranquilidad es porque el amor ya está fluyendo de forma funcional dentro de ti.

Este punto es fundamental para evitar confundirnos en sentimientos que no son amor; recuerda, el amor *nunca* te hará sentir intranquilo ni con aprensión; el amor que fluye de forma correcta dentro de ti *siempre* se manifestará en forma de paz.

Al continuar fluyendo, el amor presenta una segunda manifestación: *consciencia*. Es en este estado cuando encontramos el equilibrio necesario para hacer funcional nuestra vida y enfocarla en la consecución de nuestros objetivos. Este es otro punto que frecuentemente altera nuestra percepción de lo que en realidad sentimos: el amor *nunca* desequilibrará tu vida ni te confundirá el camino a seguir; el amor *siempre* da certeza y claridad porque es consciencia y equilibrio.

Al seguir fluyendo y en expansión, el amor nos lleva a un tercer nivel: *plenitud*. Este nivel es el que usualmente ubicamos como *felicidad*, un estado que nos permite apreciar y disfrutar cada cosa y cada momento de nuestra vida.

Así es; es aquí donde se encuentra la tan anhelada felicidad que tanto decimos buscar pero que en realidad muchas veces no sabemos lo que es. Obviamente esta experiencia será diferente para cada individuo, dado que se trata de un proceso interno y se llega a partir de nuestro propio sistema de creencias; pero en todos los casos, la felicidad surge de nosotros mismos, aunque insistamos en buscarla constantemente en el exterior.

Es importante entenderlo: el amor *nunca* te generará tristeza ni sufrimiento; el amor *siempre* te permitirá sentirte pleno y te generará felicidad.

Imagino lo que ahora puedes estar pensando y no; el concepto "sufrir por amor" no existe, es sólo otro de los paradigmas aprendidos que nos impiden experimentar esta energía con plenitud. Es imposible que el amor te haga sufrir, el sufrimiento surge precisamente por lo opuesto: la ausencia del amor, a lo cual más adelante llegaremos; pero antes vamos a terminar de cerrar el circuito del amor con todos sus niveles.

Una vez que estamos en plenitud desde un estado de paz y consciencia, se puede generar la expresión máxima del amor que es *la iluminación*; ese momento en que nuestra luz brilla y puede ser compartida con lo que hay en nuestro entorno.

Usualmente, y de manera equivocada, se le da a la iluminación una interpretación "mágica" o "mística" alejada de un ser humano "normal". A partir de este paradigma es que nosotros mismos nos alejamos de poder vivir la experiencia plena del amor. No nos confundamos; una persona iluminada por la experiencia del amor no está ni levitando ni transfigurando en varias dimensiones. En realidad lo que está sucediendo es que se encuentra en total conexión con la energía del amor, completando el circuito, lo que le permite "brillar" al igual que sucede en analogía con el foco de una lampara al conectarla.

Para entenderlo mejor, te muestro ahora de forma gráfica la forma en que fluye el circuito del amor:

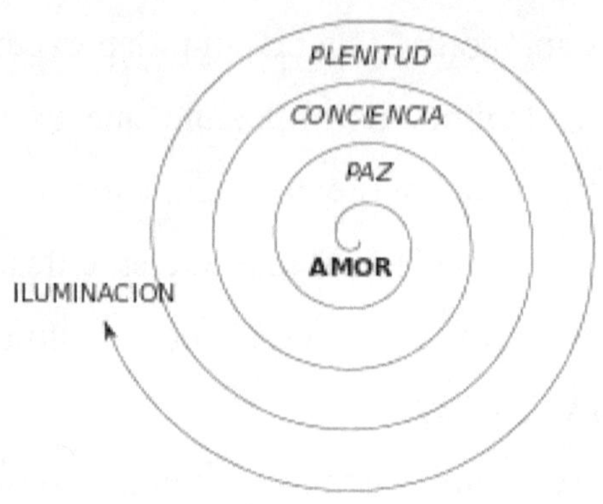

Como puedes apreciar, se trata de un circuito que fluye de manera continua en diferentes niveles (de forma semejante a un espiral), y que se encuentra en contante expansión generando recurrentemente estados de paz, conciencia y plenitud; siempre y cuando no se vea interferida por otra energía que también puede fluir dentro de nosotros pero en sentido opuesto: el miedo.

Antes de explicar como fluye la energía del miedo, es importante entender que *no* está al mismo nivel que la del amor. La baja frecuencia vibratoria del miedo se genera a partir de nuestro sistema de creencias y toma fuerza y espacio alimentándose de él. Mientras que el amor es nuestra esencia, el miedo es una creación externa disfuncional, es ajeno a nuestra naturaleza. Sin embargo, son nuestros propios paradigmas los que le pueden dar un espacio cada vez mayor, cortando, frenando y reduciendo el circuito del amor.

Podemos definir al miedo como una percepción de peligro hacia alguna situación. Al tratarse de una *percepción,* es sencillo entender dos características. La primera es que los miedos pueden ser de origen tan diverso como personas existen en el planeta; ya que cada individuo crea sus propios miedos a partir de su propio sistema de creencias. La segunda es que las percepciones se dan independientemente de la realidad circundante; es decir, lo que crea el miedo puede ser algo real o no, pero al margen de eso, el miedo existirá y siempre será real y perceptible para quien lo genera.

En los siguientes capítulos abordaremos el miedo que más "sabotea" el circuito del amor, pero por el momento nos centraremos de forma general en su proceso.

Tenemos entonces al miedo surgiendo a partir de una percepción que genera determinado paradigma. Al igual que sucede con el amor, el miedo también se expande en forma de espiral y en un primer nivel se manifiesta en forma de *ira* o *enojo.*

Tal vez te parecerá extraño que el miedo sea un generador de enojo, pero es precisamente el carácter explosivo de la ira lo que le permite al miedo detonar dentro de nosotros. Una persona enojada está alejada de la paz y serenidad que el amor produce, y por lo tanto está generando una energía inversa.

Reflexiona por un momento en algunas ocasiones en que te hayas enojado y te aseguro que encontrarás como causa esencial de cada enojo, un miedo que lo provocó. Piensa en lo que más te hace enojar y verás que, más allá de las personas o circunstancias involucradas, hay un gran miedo latente.

En este nivel también actúa lo que conocemos como *asustarse*. En este caso es más obvio el entender que un susto siempre se deriva de un miedo que lo causa; y seguramente también has experimentado lo que, tanto enojos como sustos, provocan en tu cuerpo: dolor de cabeza, de estómago, musculares etc. De hecho, estos síntomas son una muestra de lo antinatural que le resulta a tu organismo el miedo, ya que, en contraparte, cuando fluye en ti el amor presentas necesariamente síntomas de buena salud por la paz y armonía que generas.

Lo anterior se debe a que nuestro cuerpo es el que contiene tanto el circuito del amor como el del miedo, y por lo tanto se verá permeado por sus efectos en cualquiera de sus dos sentidos. Cuando el miedo expresado en un susto o un enojo es muy fuerte y descontrolado, puede llegar incluso a generar daño permanente con enfermedades, como la diabetes, o puede producir un infarto o un derrame cerebral. A largo plazo, una enfermedad como el cáncer puede ser una consecuencia del miedo fluyendo de forma permanente y con su presencia incrementada en nuestro sistema, como analizaremos a continuación.

En el siguiente nivel encontramos la manifestación del *odio*. A menudo escuchamos que el odio es lo contrario al amor lo cual encierra mucho de verdad, ya que es una energía totalmente opuesta. Cuando la ira permanece dentro de nosotros, empieza a generar rencor y resentimiento, presentando una especie de "enraizamiento" en nuestro ser, haciendo muy complicado el poder sacar ese miedo de nuestro sistema. Al mismo tiempo el miedo, ahora transformado en odio, le restará espacio al circuito del amor, rompiendo el equilibrio y alejándote de un estado de consciencia. Una manifestación común en este nivel puede ser cualquier tipo de fobia, entendida como un miedo irracional hacia algo determinado.

Es posible que no lo parezca en primera instancia, pero las adicciones también actúan en este nivel; ya que un miedo profundo puede derivar en que busquemos algo (sustancia, alimento, situación o persona) con que llenar el vacío esencial que deja el amor al ser su espacio ocupado por el miedo. Esta es una de las situaciones más complejamente paradójicas que enfrenta el ser humano; en momentos de miedo intenso en lugar de reactivar y recurrir al amor, tendemos a confundirnos en evasiones que aparentar darnos lo que nos hace falta, pero que a mediano plazo únicamente nos generan más miedo, ira y frustración.

Una persona que piensa y actúa desde el enojo y el resentimiento estará tomando decisiones desequilibradas y seguramente poco funcionales; lo que la llevará a un tercer nivel dentro del circuito del miedo: el *sufrimiento* y la *tristeza*.

Estarás de acuerdo, y por experiencia propia, que este es el sitio que más quisiéramos evitar en nuestra vida. Colocarnos en una situación de sufrimiento es lo que todos tratamos de evitar y nos produce mucho miedo. Esto último es lo mas irónico, complejo y peligroso: el miedo te lleva a la ira, la ira al odio y el odio al sufrimiento, el cual a su vez te produce aún más miedo, repitiendo el ciclo en una espiral que no se detiene. El circuito del miedo fluye en ti, y así como el del amor te conduce a la iluminación, el del miedo te lleva a la oscuridad; un lugar que se manifiesta en forma de ansiedad o depresión.

En la siguiente imagen te comparto de forma gráfica el proceso del circuito del miedo:

Entendiendo la oscuridad como una ausencia de luz; al fluir en el miedo nos encontramos con una incapacidad para poder ver con claridad y con consciencia plena nuestra vida y nuestro entorno. Vivir en desequilibrio y alejados de la paz y tranquilidad, es sin duda el camino mas complicado de transitar para el ser humano.

Cuando una persona me dice que esta sufriendo o que se encuentra llena de tristeza, inmediatamente puedo sentir el miedo en sus palabras. Cuando nuestro entorno se llena de tristeza empezamos a vivir en un mundo de miedo; un mundo alejado del amor.

Y es que es imposible que estas dos energías ocupen el mismo espacio. Son fuerzas contrarias que se contraponen y ocasionan que la energía del amor se disipe como te muestro a continuación:

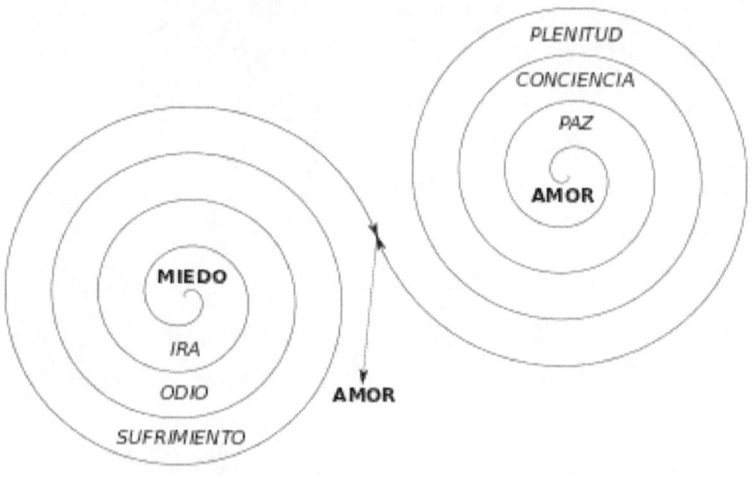

Aquí está la respuesta al porqué, si nuestra esencia es de amor, podemos llegar a sentirnos tristes, enojados, deprimidos etc. Si a partir de nuestro sistema de creencias empezamos a generar miedo, de manera inevitable ocasionaremos un "corto circuito" en el amor, ocasionando que el amor generado comience a disiparse o fugarse de nuestro sistema.

Adicionalmente, y si permitimos que el miedo siga creciendo dentro de nosotros, poco a poco irá ocupando más espacio, quitándonos plenitud, consciencia y paz; dejando al amor muy en el fondo y con una luz sumamente tenue que parecerá inexistente.

Es importante recordar, que por más miedo que generemos, nuestra esencia es de amor; por lo cual es imposible que este último desaparezca. Cuando sientes odio, culpa, sufrimiento etc.; todos ellos diferentes manifestaciones del miedo, te desequilibras, te ubicas en una incapacidad de experimentar lo que eres (amor); pero *nunca* dejas de serlo.

Este es entonces el eje fundamental de la existencia para poder fluir de manera armónica y funcional: Ubicarse en el amor; lo cuál consiste en equilibrar los tres factores que componen tu experiencia humana (cuerpo, mente y espíritu) en sintonía con lo que es tu esencia: el amor.

Y es aquí donde surge una nueva interrogante: ¿Qué puedo hacer para que sea la energía del amor la que fluya constantemente dentro de mi ?

Creo que la mejor forma de responder a esta pregunta es por medio de un antiguo relato de la tradición de los indios norteamericanos:

Una Tarde un viejo Cherokee le contó a su nieto acerca de una batalla que ocurre en el interior de las personas.

Él dijo: "Hijo mío, la batalla es entre dos lobos dentro de todos nosotros".

"Uno es un lobo de oscuridad – Es ira, envidia, celos, tristeza, pesar, avaricia, arrogancia, autocompasión, culpa, resentimiento, soberbia, inferioridad, mentiras, falso orgullo, superioridad y ego".

"El otro es un lobo de luz – Es alegría, paz, amor, esperanza, serenidad, humildad, bondad, benevolencia, amistad, empatía, generosidad, verdad, compasión y fé".

El nieto lo meditó por un minuto y luego preguntó a su abuelo:

"¿Y cuál lobo gana abuelo?"

El viejo Cherokee respondió: "Aquél al que tú alimentes hijo mio".

Este es el secreto revelado: *Tú* tienes el poder total para decidir lo que habita dentro de ti. Si alimentas al miedo, serán la tristeza, la ira, la ansiedad y la depresión los que fluyan en tu interior. Por el contrario, si alimentas al amor, en ti crecerán la serenidad, la consciencia, el equilibrio y la felicidad. ¿Y cómo es que los alimentas?. Por medio de tus creencias y las múltiples conversaciones que estableces a cada momento en tu interior; así como con cada cosa que escuchas, ves y percibes por medio de tus sentidos.

Recuerda que en capítulos anteriores vimos que la persona con quien más platicamos es con nosotros mismos; por lo tanto tú mismo te cuentas a cada momento lo que sientes y piensas… lo que eres. Es así que todos los seres humanos nos estamos creando continuamente, ya sea desde el miedo o desde el amor; esa es tu elección.

Por supuesto que es muy importante también lo que nos rodea. Como hemos visto, al igual que generamos energía, por otro lado estamos expuestos a ella. Lo primero que debemos establecer es que sentir miedo es algo natural; en nuestra experiencia humana sentir miedo es parte de la experiencia misma. No se trata de vivir en una burbuja para aislarnos o, dicho en otras palabras, no hay que tenerle miedo al miedo, valga la redundancia. La afectación del miedo se presenta cuando después de contactar con él, nos anclamos y permanecemos conectados en su frecuencia. El miedo hay que sentirlo, reconocerlo de forma consciente y después soltarlo; dejarlo fluir, pero fuera de nosotros.

Ahora te estarás dando cuenta de lo dañino que resulta para ti el seguir anclado a miedos, enojos o rencores durante días, meses o incluso años. Esta conexión poco a poco irá permeando en ti, hasta que puedas ser capaz de desconectarte de esa energía disfuncional y recuperar la fluidez de tu circuito del amor.

Si tu sistema de creencias es alimentado desde el amor, te ubicarás en su frecuencia y tendrás sentimientos y pensamientos de la misma naturaleza; y por consiguiente tus acciones fluirán en la misma dirección.

Mas adelante retomaremos el tema del miedo y la forma en que afecta y daña las relaciones entre las personas, llegando al punto incluso de provocar lo que llamo "miedo al amor"; pero antes, quiero que me acompañes a conocer el cómo podemos potencializar al amor: la experiencia del amor compartido.

IX.- LA SINERGIA DEL AMOR

*"… Conocer la otra mitad es poco,
comprender que solo estar es más puro,
no esperaba tanto resplandor...
el fin de amar es sentirse más vivo..."*

"Vivo"
(Gustavo Cerati)

En el transcurso del libro hemos podido establecer que el amor no se puede dar o recibir. También vimos que es imposible poseerlo o mantenerlo sin fluir dentro de nosotros. Sin embargo, el amor *sí tiene* la posibilidad de ser compartido; es decir, de establecer una conexión para fluir al mismo tiempo en la misma frecuencia energética entre dos o más seres vivos.

Cuando ocurre esta sinergia, es entonces cuando el amor puede desarrollar su máximo potencial, llevándonos a niveles realmente maravillosos.

Para empezar a conocer como es que sucede este proceso, tenemos que establecer una premisa básica pero que muchas veces pasamos por alto: *no se puede compartir lo que no se tiene.* Puede parecer obvio, pero lo menciono para referirme a un famoso paradigma que muchas personas poseen al pretender establecer una relación de pareja; y es el de buscar lo que coloquialmente conocemos como una "media naranja".

Esta idea paradigmática, es la que nos lleva a pensar que una relación entre dos personas se trata de *complementar* en lugar de *potencializar*.

Yo sé que esto es algo que muchos hemos aprendido; el concepto de compartir como un acto de complementación para encontrar en otra persona lo que no tenemos o nos hace falta. Es posible que en primera instancia esta premisa nos sea funcional, pero al mediano y largo plazo es sumamente probable que caigamos en la dependencia, lo que nos llevará al terreno de los apegos, manifestados en forma de posesión y celos que veremos en el siguiente capítulo.

Es frecuente que escuchemos decir que para que una relación se pueda dar es necesario que las personas sean diferentes; que tengan gustos, ideas y formas de ver la vida que no sean tan semejantes para evitar la monotonía. Este enfoque también señala que los individuos que son muy parecidos tienden a "chocar" entre ellos, e inclusive se hace referencia a la polaridad del magnetismo que sostiene "polos iguales se repelen".

Por otro lado, tenemos a los que afirman que para que una relación sea exitosa es importante que ambas partes tengan los mismos pensamientos, sentimientos y estilo de vida; igualdad de gustos al comer, divertirse o al decidir un viaje; que entre más afinidad exista entre ellos, es más probable que se establezca una relación exitosa.

¿A qué se debe que existan posturas tan encontradas entre sí alrededor de este tema?. Pues a que en realidad el que una relación sea funcional y duradera no depende de que a ambos les guste el mismo platillo o la misma música; o de que uno prefiera la playa y el otro el bosque para vacacionar y así no se aburren; o de que el ordenado se pase arreglando el desorden del otro para entretenerse; ni tampoco es indispensable que ambos vean la misma serie, hagan el mismo deporte o mediten en la misma clase de yoga; porque, como puedes ver, existen cientos o miles de combinaciones posibles, tantas como humanos en el planeta; y todas son validas para establecer la posibilidad de una relación. Lo único que te puede garantizar que una relación se dé, se fortalezca y crezca con el paso del tiempo, es el amor.

Así es, más que preocuparnos por la afinidad o diversidad en gustos y preferencias, debemos centrarnos en que nuestra energía esté en la misma frecuencia vibratoria que la persona con la que nos queremos relacionar y que se comparta una misma realidad creada. Si ambas personas se encuentran fluyendo en la misma frecuencia, la relación se potencializará y fortalecerá. Si por el contrario fluyen en disonancia, la energía se perderá, no habrá conexión y la relación se desgastará debilitándose hasta desaparecer.

Ahora, recordarás que en el capitulo anterior hablamos del circuito del amor, el cual permite que nuestra energía fluya en una frecuencia de paz, equilibrio y plenitud. Este circuito por sí mismo cumple en su totalidad con su debida funcionalidad; es decir, no requiere de su "otra mitad" para existir.

En el supuesto ideal de que dos personas fluyendo de manera plena en el amor, con sus respectivos circuitos completos al cien por ciento y por lo tanto en la misma frecuencia, se encuentren y establezcan una relación, estaremos logrando lo que llamo "la sinergia del amor"; un circuito expandido que podemos visualizar como un símbolo infinito (∞) y que potencializa al máximo la experiencia del amor compartido:

Como puedes apreciar, en esta sinergia el amor no se esta dando o recibiendo, sino que se encuentra fluyendo constantemente entre las dos personas. Ambas poseen un circuito completo que deciden compartir y al hacerlo potencializan sus capacidades y posibilidades.

Si bien estamos hablando de un ideal, sabemos de las dificultades que implica el ser capaces de llevar una relación a este estado. Antes que nada, y previo a pensar siquiera en una relación, es indispensable poseer un circuito funcional de amor en nosotros mismos (no puedes compartir lo que no tienes). ¿Qué sucede cuando dos personas que poseen un circuito incompleto se intentan contactar? Recuerda que la interferencia se debe a la presencia del miedo y sus diferentes manifestaciones dentro de nuestro sistema, lo que ocasiona que la energía se disipe. Lo mismo ocurrirá al contactarse dos personas en ese estado, sólo que en mayor escala, ya que la fuga de energía será mayor:

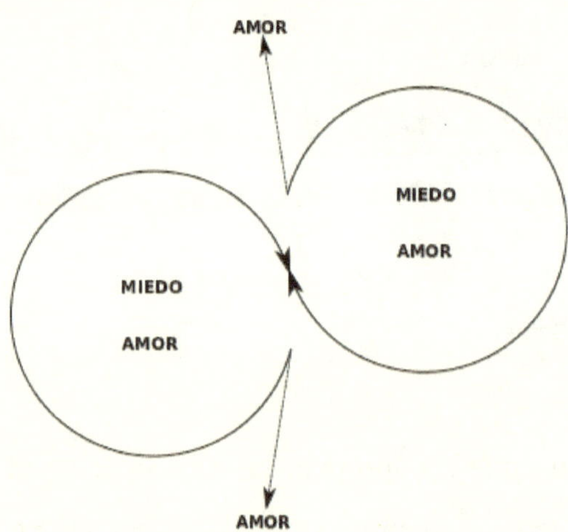

Como puedes ver, si no somos capaces de cerrar nuestro propio circuito, estaremos perdiendo nuestra energía y también la de la otra persona. De la misma forma, la persona con la que nos relacionamos perderá su propia energía y la nuestra; es una relación que será destructiva para ambas partes.

Es por esto que soy muy enfático en mencionar la importancia de que para establecer una relación sana y funcional, primero uno debe de estar en condición de aportar amor a la misma. Está claro que ninguno de nosotros somos perfectos. Ya establecimos antes que sentir y contactar con la energía del miedo es algo natural. Todos pasamos y nos vemos inmersos en momentos de temor, enojo o frustración; pero si, como también mencionamos antes, somos capaces de contactar con esas situaciones sin anclarnos a ellas, dejándolas fluir fuera de nosotros; estaremos entonces en posición de aportar el amor necesario para que una relación sea funcional.

¿Qué sucede cuando intentan establecer una relación una persona con su circuito del amor completo y otra persona que fluye en el miedo? En primera instancia este tipo de relación puede ser funcional, sobre todo para el individuo carente de su circuito de amor, ya que tendrá la percepción de que ha encontrado su "otra mitad" que lo complementa.

El problema es que en realidad, si bien el amor comenzará a fluir entre las dos personas, se estará al mismo tiempo fugando poco a poco como podemos ver en la imagen siguiente:

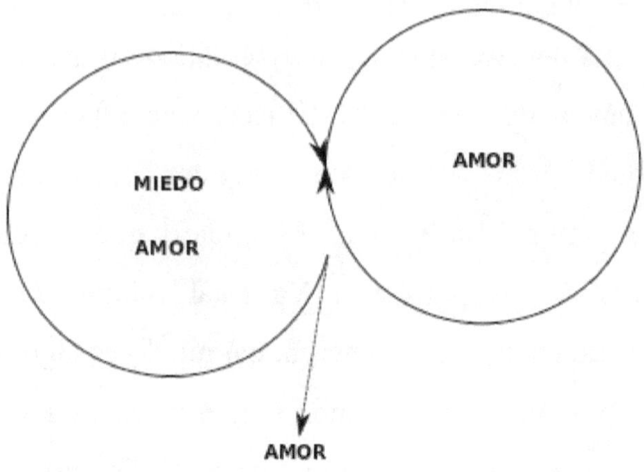

Con el paso del tiempo, esta desconexión energética irá desgastando la relación volviendo complicada su subsistencia, e inclusive puede llegar a afectar a la persona que se encontraba fluyendo en el amor al romper su propio circuito.

En una diferente vertiente, también existe la posibilidad de que una relación como la que estamos analizando se transforme hacia el amor. Si esa energía que fluye entre dos personas es tan fuerte que logra cerrar ambos circuitos, podremos hablar de un amor potencializado y funcional, como el del supuesto ideal que vimos en un principio.

Sin embargo, en este punto es sumamente importante entender que la transformación del miedo al amor en pareja, *siempre* se debe procesar de forma individual; es decir, cada uno debe ser capaz de mantener fluyendo su propio circuito del amor y no se debe basar en el paradigma de las "mitades complementarias" o "medias naranjas" que también comentábamos anteriormente.

Cuando en una relación nos transformamos en función de lo que la otra persona quiere o necesita, es muy probable que en primera instancia nos resulte funcional como pareja, algunos inclusive lo verán como algo muy "romántico". Ser el complemento de la otra persona y que al mismo tiempo me den lo que no tengo, puede ser entendido como algo que fundamente y haga fuerte una relación.

Efectivamente en este caso también se está estableciendo un circuito de amor, pero es una sinergia distinta y sumamente frágil que te ilustro a continuación:

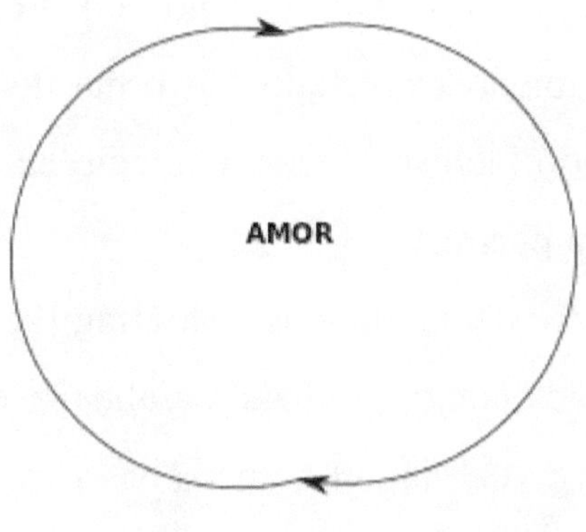

Como se puede apreciar, no se trata de dos circuitos interactuando, sino de un circuito ampliado y dependiente en todo momento de estar unido para poder existir; una especie de "salvavidas" para ambas personas.

¿Qué es lo que puede romper este circuito?. En primer termino su concepción misma. Cuando yo me transformo en función de lo que otros desean o necesitan de mi en lugar de hacerlo desde mi propio estado consciente de lo que soy, quiero y necesito; en realidad lo que estoy haciendo es sembrar la semilla de la frustración que, tarde o temprano, va a florecer.

Este paradigma de relación está buscando conectar de cualquier forma ambos circuitos, poniendo la relación por delante de los individuos, pero a mediano plazo lo que se va a dar es lo que conocemos como convivencia por costumbre.

Al llegar a este punto y al darse cuenta de que lo que une la relación son paradigmas creados sobre pensamientos y emociones que no son propios; hará su aparición el miedo expresado en forma de frustración y enojo, llegando incluso a generarse odio hacia la relación y hacia la otra persona.

Otra forma en la que este frágil circuito puede romperse rápidamente, es cuando ambos se den cuenta de que dependen de la otra persona para mantenerlo.

Automáticamente se generará miedo a la pérdida en forma de posesión o celos, temas que abordaremos en el siguiente capitulo.

A partir de cualquier forma de interferencia del miedo en este circuito, será inevitable que este se manifieste en forma de tristeza y soledad; y aquí es donde viene el mayor problema: a diferencia del circuito interactivo funcional en el que cada individuo posee su propio circuito individual, pudiendo separarse sin perder su funcionalidad; en este circuito complementario la separación puede conllevar altos niveles de angustia y hasta depresión, ya que el amor esencial se fugará y perderá por completo de ambas partes:

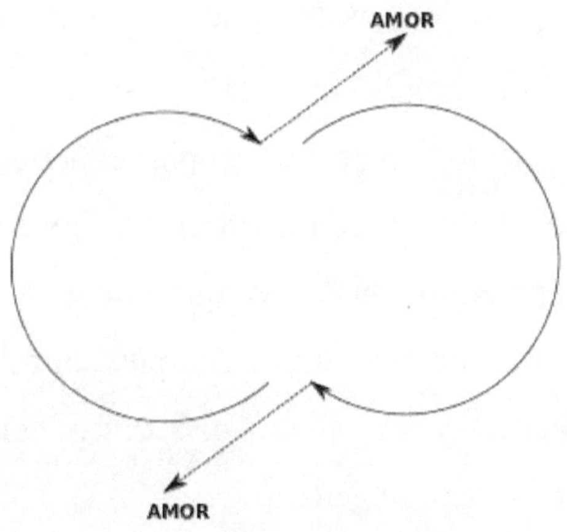

En estas circunstancias, se podrá entender lo complicado que será restablecer cualquiera de los dos circuitos; ya que ambos dependen por completo uno del otro.

Vale la pena mencionar que también puede existir sinergia entre dos circuitos del miedo, logrando potencializar su efecto y por consiguiente ser altamente disfuncional. Un ejemplo puede ser el de dos personas que experimenten el miedo en forma de algún tipo de adicción. Efectivamente, al relacionarse ambos entrarán en una sinergia en la que recíprocamente la adicción de uno hará mas fuerte la adicción del otro. Es fácil suponer lo destructivas que son este tipo de relaciones.

Cuando hablamos de circuitos del amor independientes que se potencializan al compartir sus respectivas energías, nos referimos a individuos capaces de separarse sin romperse; porque pueden sentir y reconocer el miedo desde su propia experiencia para después unirse y volver a fluir en la misma frecuencia.

Si eres consciente de que tienes un amor "completo" y que no necesitas "complementos", puedes elegir con libertad y sin miedo con quien compartir y potencializar el amor que generas.

"No te amo por lo que me das ni por lo que eres… te amo por lo que yo puedo ser junto a ti; por lo que soy cuando compartimos el amor que generamos y por las posibilidades que juntos creamos". Si puedes decirle estas palabras a una persona con la que tienes una relación (pareja, hijo, padre etc.), entonces sin duda estas inmerso en un circuito de amor completo y en sinergia con el circuito de amor de la otra persona.

Te invito ahora a conocer cómo es que actúa y se puede infiltrar el miedo en las relaciones de pareja.

X.- EL MIEDO
AL AMOR

"…Derrumbar el amor,
derribarlo en silencio,
aprender que tu boca
es la puerta del miedo;
sepultar la verdad,
engañarnos diciendo
que el agua es el mar,
que el incendio es el fuego,
que el amor escapó
con los peces del viento…"

"Los peces del viento"
Jordi Soler

Como mencionamos en capítulos anteriores, podemos definir al miedo como una sensación de alerta ante la detección de un peligro; el cual puede ser real o imaginario, pero en cualquier caso es real para el que lo siente y por consiguiente le causa angustia. También hemos comentado que el miedo es natural e intrínseco al ser humano y que tiene la función de constituirse como un mecanismo de supervivencia para prevenirnos y alejarnos de los peligros que nos rodean.

Hasta aquí todo está dentro de lo funcional; sin embargo, le hemos otorgado características que lo han vuelto disfuncional y con una fuerte energía que desestabiliza nuestra paz y armonía.

En primer lugar, el ser humano ha transformado el uso que le da al miedo. Al darnos cuenta de que no sólo es posible *sentirlo,* sino también *provocarlo*; de ser un mecanismo de *supervivencia* lo convertimos en un mecanismo de *defensa*. Esto comenzó hace miles de años cuando optamos por generar miedo para defendernos de animales salvajes y posteriormente de otros humanos, empezando a desvirtuar su naturaleza; ya que descubrimos que con el miedo podemos atacar y dominar, convirtiendo al miedo en un *mecanismo de control*.

Si analizas un poco, te darás cuenta de que seguramente fuiste educado en numerosas ocasiones con base al miedo, y que tú mismo educas o buscas ejercer control de la misma forma. Desgraciadamente vivimos en una cultura del miedo, y los niveles de sofisticación que hemos alcanzado como civilización han creado mecanismos de manipulación tan diversos, que pueden ir desde un virus hasta una crisis económica, pasando por el terrorismo; pero todos ellos usando al miedo para ejercer control.

Ahora estarás comprendiendo el porqué le es tan complicado al amor desarrollarse en este contexto; continuamente estamos eligiendo al miedo, y por consiguiente nos alejamos de la paz y la armonía, del equilibrio y la felicidad.

Te será fácil imaginar la gran diversidad de miedos que pueden existir y que podemos experimentar. Desde un miedo primitivo como el que se le puede tener a los fenómenos naturales, como tormentas o terremotos que escapan totalmente de nuestro control; hasta uno de los primeros miedos que ingresamos a nuestro sistema de creencias: el miedo a la oscuridad, a lo desconocido, a lo que no podemos ver o entender.

Conforme vamos creciendo vamos creando miedos mas complejos, como por ejemplo el miedo a los cambios o a la inestabilidad en cualquiera de sus manifestaciones. Es precisamente uno de esos paradigmas de temor el que más puede dañar nuestro circuito del amor: *el miedo a la pérdida.*

Son muchas las formas en que podemos experimentarlo: miedo a perder objetos, oportunidades; a perder dinero, perder el control, a perder las cosas que tanto trabajo nos a costado conseguir, a perder comodidad; incluso miedo a perdernos a nosotros mismos, nuestra propia identidad; y por supuesto, el miedo a perder el amor; manifestado también como el miedo a perder a la persona con la que hemos establecido una relación.

La gran mayoría de los mecanismos que activamos dentro de nuestras relaciones para buscar mantenerlas, tienen que ver con una respuesta al miedo que sentimos ante la posibilidad de perder el amor. Cuando este temor se exacerba, entra en acción el mecanismo de respuesta básico que aprendimos desde muy pequeños: la posesión.

Con este mecanismo buscamos definir que algo nos pertenece sólo a nosotros; y en el caso del amor, este sentido de posesión se manifiesta en forma de *celos.*

Aquí tenemos que recordar que, como ya lo vimos anteriormente, el miedo es intrínseco al ser humano y no es disfuncional sentirlo. En el caso de los celos que podemos llamar racionales o conscientes, son también algo natural al amar a alguien, y forman parte de la relación de pareja teniendo que ver con el vínculo creado. Estos celos no generan distorsiones ni pensamientos suspicaces sobre la persona amada y su entorno, ni generan inestabilidad o sufrimiento ya que solamente se perciben, se reconocen y se dejan fluir.

Cuando permitimos que el miedo a la pérdida permanezca en nosotros, es cuando se comienzan a generar celos patológicos que se caracterizan por presentar preocupaciones excesivas y reiteradas sobre la fidelidad y lealtad de la pareja. Esta inseguridad genera una elevada ansiedad y un estado de vigilancia constante que lleva a desarrollar conductas de control que buscan de alguna forma aminorar el efecto del miedo; logrando precisamente el efecto contrario, se genera mucho más temor, inestabilidad y angustia.

Es por esto que los celos son causantes de tantas fracturas en las relaciones, ya que se pretende atribuirles características que no poseen. No ama más el que más celos tiene, ni son una muestra de la importancia de determinada persona en nuestra vida. Debemos entenderlo muy bien: los celos tienen su origen en el miedo, y el miedo es lo contrario al amor; los celos te alejan del amor y tarde o temprano romperán cualquier relación.

Como una derivación directa del miedo a la pérdida, tenemos el miedo a que algo termine o que algo deje de ser; que en este caso se manifiesta como el miedo a que el amor o la relación acaben. Ambos miedos son muy semejantes, pero el miedo a que una relación llegue a su fin tiene una manifestación más sutil que los celos, y es lo que conocemos como *apego*.

La esencia del apego tiene que ver con el paradigma de que si me mantengo cerca de algo a alguien puedo dar y recibir cuidado o protección, es decir, me da seguridad. El apego es algo natural y lo aprendemos como paradigma desde que somos bebés para poder superar el miedo a la separación del vientre materno. Al nacer nos apegamos a nuestra madre, fuente de seguridad, para que de forma paulatina y sana nos podamos ir integrando al mundo exterior que desconocemos. Hasta ahí, esta conducta es funcional, pero deja de serlo cuando de adultos seguimos optando por este mecanismo para enfrentar los miedos a cualquier tipo de pérdida.

El budismo nos entrega una gran enseñanza al respecto de lo que estamos hablando: "La raíz del sufrimiento humano es el apego". En el caso de las relaciones de pareja es frecuente que, ante el miedo a que la relación corra el riesgo de terminar algún día, se recurra al apego como un mecanismo de adherencia que los mantenga por siempre unidos. No lo olvides, lo único que puede mantener una relación es el amor. El origen del apego es el miedo, y una pareja que vive en el apego comenzará a experimentar necesariamente ansiedad y sufrimiento. Esto es también un claro ejemplo de un circuito del amor único y complementario, alejado del concepto funcional de dos circuitos completos que se potencializan al compartir sus respectivas energías.

¿Cómo es que podemos transformar los celos y el apego en amor?. Seguramente ya lo estás intuyendo. Así es, lo hemos estado platicando a lo largo del libro; son tres los principios fundamentales que debemos recordar para lograr esta alquimia.

En primer término tenemos la premisa de que *el amor no se puede dar ni recibir*; por lo tanto no lo puedes perder porque nunca te lo han dado, siempre ha sido generado por ti. Es sencillo de entender ¿no crees?. No tiene sentido tener miedo a perder algo que siempre has tenido, tienes y tendrás; pase lo que pase siempre estarás generando amor. Este temor lo basábamos anteriormente en el hecho de creer que el amor nos lo daba otra persona, pero ahora que conocemos la naturaleza del amor resulta algo sin fundamento lógico.

En segundo lugar, recordemos que *el amor no se puede poseer*, sólo existe en estado de fluidez; no puedes pretender ejercer posesión de algo que fluye libremente de forma inmaterial y por lo tanto no deberías tener miedo a perder algo que en realidad nunca has poseído.

El amor es una elección, una decisión que sólo se puede tomar desde la libertad y la consciencia. El amor nunca podrá dar cabida a un acto de miedo como lo es la posesión. Al querer justificar los celos como un acto de protección hacia lo que nos pertenece, no nos estamos dando cuenta de lo alejados que estamos de la esencia del amor; nos volvemos seres incapaces de entender que pretender poseer a alguien es la mejor forma de hacerlo desaparecer de nuestra vida.

En tercer lugar, aunque no menos importante, tenemos una premisa fundamental: *el amor es infinito*; es un recurso ampliamente renovable porque se crea constantemente dentro de ti; por consiguiente, no deberías de tener miedo a perder algo que nunca se acabará.

Como puedes ver; conceptos como posesión, celos y apego resultan sumamente disfuncionales en nuestra vida y, conforme vamos entendiendo la naturaleza del amor, van poco a poco adquiriendo su real dimensión como productos del miedo. Esto no es más, que en lo que en su momento te describí como la transformación funcional de los paradigmas; nuestra capacidad de tomar consciencia de lo que nos funciona o no, para alcanzar nuestros objetivos en la vida.

Ahora, te darás cuenta de que, una vez que transformas tu sistema de creencias tomando consciencia y actuando desde el amor, comenzarás a percibir de manera clara cuando las personas a tu alrededor fluyen en la energía contraria del miedo. ¿Cómo podemos relacionarnos de forma funcional con este tipo de personas?; ¿cómo es que podríamos mantener una relación con una pareja que está experimentando en su sistema el miedo?; ¿cómo es que podemos mantener nuestro circuito del amor sin verlo afectado ni dañado?.

En primer termino tenemos que recordar que el miedo siempre es real para el que lo siente, sea cual sea el origen que lo cause. Es común que nuestra primera reacción sea la de descalificar a una persona que se encuentra inmersa en un circuito del miedo. Frases como "no pasa nada", "estás exagerando" o "no vale la pena sentirse así"; sólo lograrán incrementar el proceso negativo; debemos entender que en *su* realidad *sí* esta sucediendo algo.

En segundo lugar, es muy importante establecer lo siguiente: Cuando una persona está experimentando un proceso de miedo manifestado como enojo, odio, tristeza etc., el experimentarlo le es funcional. Así es; por más extraño que parezca, cuando cualquiera de nosotros experimentamos los diferentes aspectos del miedo, lo hacemos porque nos funciona dentro de nuestro sistema de creencias en ese momento. Esto explica porqué existen personas que pueden pasar meses o años en un círculo de miedo que los lleva a crisis de ansiedad o depresiones profundas. Aunque desde afuera, desde otra realidad, nos parezca incomprensible; en su realidad esa persona piensa que deprimirse le sirve, a pesar de que se esté hundiendo cada vez más.

Con base a lo anterior, podemos comprender que a una persona enojada le funciona en ese momento estar así. Es por esto que si alguien estalla en ira y le digo: "está mal que te enojes", lo único que lograré es que se enoje más; en el marco de su sistema de creencias a esa persona le sirve el enojo circulando en su sistema como expresión de su realidad.

Si no soy capaz entonces de comprender la realidad en la que vive una persona con miedo, y el hecho de que le es funcional, me será imposible relacionarme de manera sana con ella. El entender su realidad es lo que conocemos como *empatía*. El significado de esta palabra va mucho mas allá de ponernos en el lugar del otro; la empatía implica comprender la dimensionalidad del ser que tenemos frente a nosotros y lo que experimenta. Me gusta mucho como lo expresan los japoneses, al tener una palabra como "Kikubari", que significa "entender y servir desde nuestra esencia". Esto lo entienden ellos como anticiparse a las necesidades de las personas que nos rodean; asumiendo lo que necesitan incluso antes de que ellas mismas se den cuenta.

Una vez que logramos empatizar con una persona inmersa en el flujo del miedo y sus diversas manifestaciones; se nos presentará la dificultad de evitar que su circuito nos afecte. Está afectación nos puede permear de las siguientes tres maneras:

1.- Cuando creemos que la otra persona piensa o siente lo mismo que yo, es decir, que codifica de la misma forma que yo lo hago. ¿Recuerdas el ejemplo de la visualización de la casa en los primeros capítulos?; te decía entonces que un mismo concepto puede tener tantas interpretaciones como individuos habitamos este planeta; y un error sumamente común es creer que todos a mi alrededor le dan el mismo significado que yo le doy a un hecho, a un gesto o a una palabra. Suele suceder que el enojo comienza a fluir en nosotros, cuando alguien dice algo o hace algún ademán que a nosotros nos parece ofensivo.

En realidad son sólo códigos, y nosotros decidimos el significado que les damos y como los incorporamos a nuestra realidad; el emisor tiene otra realidad que puede ser parecida o muy diferente a la que nosotros tenemos; es decir, el que nos ofenda o no, depende únicamente de nosotros.

2.- Cuando pensamos que la otra persona está "mal" por tener una creencia distinta. Esto lo vimos también en un capítulo anterior. Tendemos a molestarnos con las personas que sienten o piensan diferente a nosotros; creemos que están equivocadas y a como dé lugar, intentamos hacerlos cambiar de opinión. Recuerda que no hay paradigmas correctos o incorrectos; lo que puede funcionar en tu sistema, puede no hacerlo en el de la persona con la que te estás relacionando y viceversa.

Gran parte de los conflictos en las relaciones de pareja comienzan por nuestra incapacidad de comprender que la otra persona no está ni "mal", ni "equivocada", ni en un "error"; simplemente posee un sistema de creencias que en su realidad le funciona y desde ahí acciona. Solamente obtendrás enojo y frustración al intentar cambiarla, es imposible; cualquier proceso de transformación debe surgir del amor, de la consciencia propia que lleve a la intención y a la acción posterior.

3.- Cuando nos volvemos depositarios del miedo ajeno. Yo a esto le llamo el "síndrome del bote de basura"; nos volvemos contenedores de la toxicidad emitida a nuestro alrededor. Al hacer esto. nos quedamos con el miedo que los demás expulsan con su palabras y acciones y lo hacemos parte de nosotros. Resulta fácil de entender lo perjudicial que le es a nuestro sistema el asumir que el miedo generado por una tercera persona nos implica, al tiempo que pretendemos hacernos responsables de él.

Si ya logramos la empatía con una persona inmersa en el miedo, comprendiendo que le es real y funcional en su realidad; y entendimos cuales son las formas en que su energía nos puede alcanzar y afectar; podemos pasar a la acción con los siguientes tres pasos: alejar, disipar y transformar.

Antes de revisar los pasos, debemos acotar que su eficacia dependerá de lo fortalecido que tengas tu circuito del amor, ya que enfrentarás una fuerte energía contraria y es seguro que en las primeras ocasiones que lo intentes te veas inmerso en el miedo y, como es usual, respondas con enojo y frustración. Esto es natural; poco a poco, y desde el amor y la consciencia, debemos ir reprogramando nuestros circuitos neuronales educados para accionar desde el miedo; así seremos capaces de sentir, pensar y actuar desde la paz y la tranquilidad con equilibrio.

El primer paso es *alejar*, y significa ser capaces de colocarnos en un plano de observadores de la situación, de forma externa y guardando distancia, sin afectarnos por las expresiones de la persona inmersa en un circuito del miedo. Seguramente te ha pasado que al contactar con una persona enojada, sus palabras o ademanes te encienden y terminas más enojado que la propia persona que pretendías calmar. Es común que en ese momento, y de manera mutua, se disparen ofensas de ambos lados de forma descontrolada, atacando y liberando toda la energía del miedo contenida en sus respectivos circuitos.

Esa es la razón de este primer paso; alejar nuestra consciencia y retraernos, mantener silencio y sólo observar y escuchar; de la misma forma en que vemos una película o una obra de teatro sin participar como protagonistas, sólo como espectadores; esto es, lograr que los dos circuitos fluyan en sí mismos sin contacto:

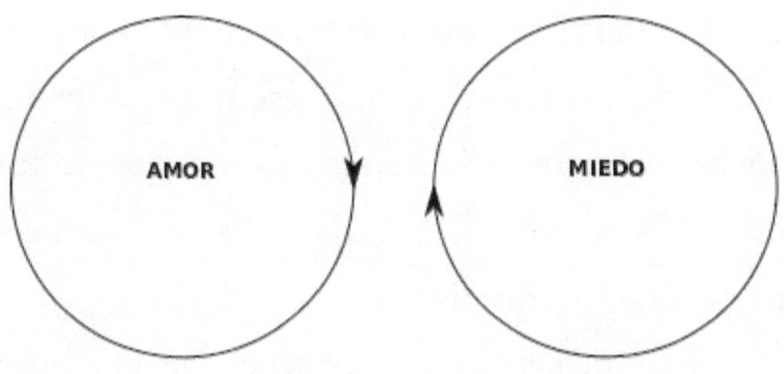

Esto nos permitirá dimensionar las cosas en su justa medida, centrarnos en nuestro circuito del amor y equilibrar nuestras emociones para dar el siguiente paso: *disipar*.

Una vez que logramos colocarnos en una posición de equilibrio, nos vamos a acercar para contactar con la otra persona y permitirnos percibir su miedo. Desde la consciencia vamos a sentirlo, reconocerlo y de inmediato disiparlo fuera de nuestro sistema:

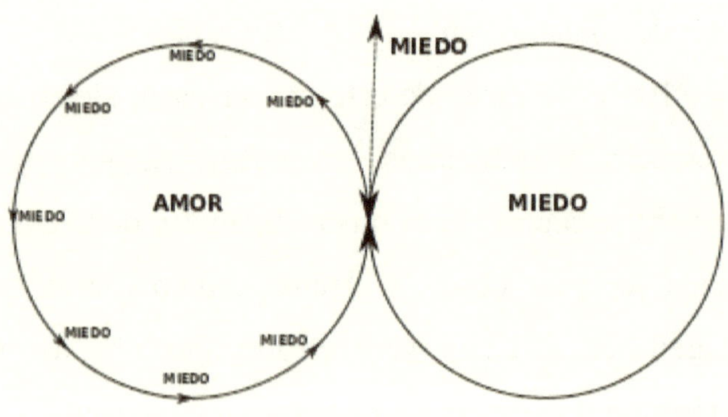

El gran riesgo que corremos en este punto es que, sí no somos capaces de disipar ese miedo y permanece fluyendo en nosotros, empezaremos a potencializarlo al retornarlo a su sistema de origen (la otra persona), en lugar de alejarlo y disminuirlo.

Esta disipación se obtiene cuando logramos responder con equilibrio y neutralidad, sin ofender y expresando nuestra comprensión hacia lo que la otra persona está experimentando. Lo anterior es posible, ya que al permitir que esa energía fluya dentro de nosotros, también la estamos experimentando; estamos entendiendo, pero sin perder el equilibrio porque estamos ubicados en el amor y la consciencia.

Sé, al igual que tú, por experiencia propia, lo complicado que es enfrentar estos momentos sin enojarnos ni frustrarnos. Tan sólo confía en el amor. El amor es una fuerza muy poderosa que puedes utilizar para equilibrar cualquier tipo de emoción o sentimiento.

Es así como llegamos al tercer paso: *transformar*. ¿Recuerdas cuando hablábamos de la iluminación como el punto más alto en el circuito del amor?; pues bien, cuando somos capaces de compartir nuestra luz mediante la transformación del miedo en amor, es cuando potencializamos al máximo nuestra esencia.

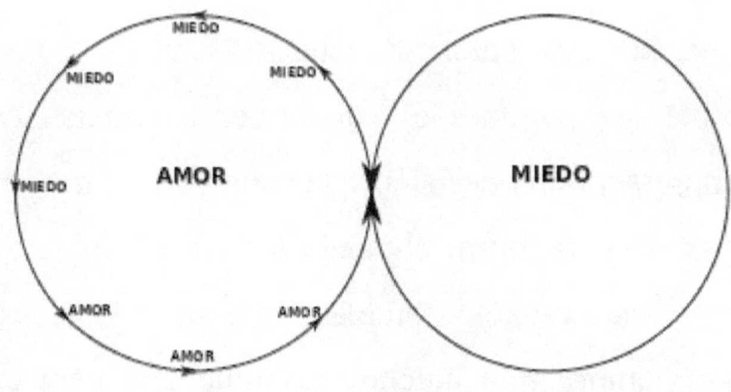

Como puedes apreciar, en este paso nos permitimos experimentar el miedo de la otra persona, pero en vez de disiparlo lo transformamos dentro de nosotros y lo compartimos en forma de amor. Llegar a este punto no es fácil; se requiere un circuito del amor muy fortalecido para ser capaces de recibir palabras y expresiones de ira, odio y frustración, y responder con energía de paz y tranquilidad. Ser golpeados por el miedo y mantenernos en el equilibrio de la consciencia, es uno de los mayores retos y aprendizajes que tenemos como seres humanos.

Algo muy importante que debemos tomar en cuenta es que, el que nosotros respondamos con amor ante una persona inmersa en el miedo no garantiza que esa persona pueda experimentar ese amor en sí misma. Recuerda que el amor no se puede dar, sólo compartir; y de la misma forma que nosotros disipamos y transformamos el miedo, la otra persona puede también disipar o transformar ese amor en miedo. Dicho de otra forma, por más amor que tengas dentro de ti nunca será posible que cambies o transformes a otra persona; esta siempre será una decisión que cada uno de nosotros debe tomar: accionar desde el miedo o desde el amor.

Sin embargo también está claro que compartir amor siempre sera mucho más funcional para cualquier relación que compartir miedo, enojo, odio o tristeza. Al mantener fluyendo el amor en nuestro sistema iremos transformando poco a poco nuestro entorno; entendiendo un principio básico: el mundo a nuestro alrededor nunca va a cambiar hasta que seamos capaces de transformarnos nosotros; debemos ser lo que queremos que nuestra realidad sea, así de sencillo.

Debemos entender que a lo largo de nuestra vida todos vamos a estar expuestos a diversos agentes que pueden generar miedo, tanto a nosotros como a las personas que nos rodean. Estos momentos pueden tener causas diversas como la muerte de un ser querido, periodos de stress por problemas familiares o laborales; cambios de lugar de residencia o de actividad, crisis, pandemias, guerras, en fin; decenas de motivadores que nos empujen al desequilibrio del miedo.

Cada proceso de miedo se constituye como un riesgo para cualquier tipo de relación, además del recurrente miedo que ya analizamos a la perdida de la relación misma. Por tal razón es muy importante para nuestra estabilidad emocional el mantener funcional nuestro circuito del amor. Esto nos permitirá establecer relaciones sustentadas en el equilibrio y la conciencia, enfrentando cualquier adversidad con fortaleza y con los recursos para transformar cada momento en una realidad de amor y plenitud.

XI.- EL AMOR VERDADERO

"…Vino la luz y los árboles son de oro;
tomas el rol y la rueda te lleva solo...
y no hay ayer..."

"El deshielo"
Siddhartha

Hace algunos meses, visitando un lugar donde trabajan y venden artículos fabricados con diversos tipos de pieles; le consulté al dueño sobre un producto en particular, cuestionándole sobre si estaba hecho con piel verdadera; esto a sabiendas que hoy en día existen diversos tipos de materiales sintéticos que se usan imitando el corte y la textura de la piel animal. El individuo me miró con cierto aire de enfado en la mirada al momento que me respondía: "No existe la piel verdadera, la piel es piel o no lo es".

Más allá de la sensibilidad del artesano que defendía la calidad de su trabajo, te invito a reflexionar que con el amor sucede lo mismo: no existe el amor verdadero o real, así como tampoco existe un amor "sintético" o un amor que duele o lastima; el amor es amor o no lo es.

Uno de los grandes conflictos en el ser humano se da a partir de creer que existen diferentes tipos de amor. Es desde este paradigma que pretendemos crear diferentes clasificaciones para el amor que sentimos. Así podemos encontrar por ejemplo al "amor romántico" que es el termino que usamos para referirnos al que se da en las relaciones de pareja; tenemos el "amor familiar" aplicado a las relaciones entre padres e hijos; o también el "amor filial" para el que se da entre amigos. Además podemos encontrar un catálogo completo que pretende nombrar a cada tipo de amor; como el amor a tu perro, a tu gato, a tu trabajo; a tu colección de libros, de discos; a algún platillo y a un larguísimo etcétera que sería interminable de mencionar.

A pesar de que pareciera que existen cientos de formas diferentes de amor, sólo existe una energía que se manifiesta en la misma frecuencia vibratoria; lo que cambia es el *cómo experimentamos* cada uno de nosotros como seres vivos esa misma energía. Cada planta o animal tiene la capacidad de experimentar la poderosa energía del amor, pero cada ser vivo lo hace de forma diferente adecuándola a su realidad.

En el caso de los seres humanos, la experiencia del amor es única para cada persona y se basa en la estructura que cada uno de nosotros le hemos dado dentro de nuestro sistema de creencias. ¿Compréndes ahora el porqué creer que todos aman de la misma forma en que yo lo hago es tan disfuncional?. Cierto, es una misma energía, pero cada uno de nosotros la está viviendo desde sus paradigmas, desde su realidad.

Esta realidad de amor particular en cada persona puede dar lugar a confusiones que nos llevan sin quererlo a la energía del miedo. "Amor que duele", "falso amor", "amor cruel", "amar sin ser correspondido", "lastimado por amor", "odio amarte", y otras decenas de paradigmas que hemos incorporando a nuestro sistema a lo largo de nuestra vida, y que nada tienen que ver con la energía del amor; son conceptos generados a partir del miedo y sus diferentes manifestaciones. Cada una de estas creencias lo que hacen es ir alimentando nuestro temor hacia el amor, pensando que es la causa de nuestro sufrimiento.

De nuevo porque debemos tenerlo muy claro: al igual que con las pieles de nuestro amigo talabartero; el amor es o no lo es. Enojo, frustración, odio, celos, apego, tristeza, angustia, ansiedad y depresión, *solamente* pueden tener como origen el miedo; *jamás* serán consecuencia del amor. Confundir los conceptos es entrar en un laberinto del cual será muy complicado salir, ya que pensaremos que la salida es lo que nos está haciendo daño y nos mantendremos engañados, a oscuras, dando vueltas sin caminar nunca hacia la luz.

Otro paradigma que nos puede causar disfunción a partir de nuestra realidad única del amor, es creer que el amor es finito y limitado; esto es, que si yo comparto mi amor con algo o con alguien, lo debo "quitar" de otra persona u objeto. Es curioso que en vez de buscar como generamos más amor nos pasamos la vida tratando de "administrar" de poquito a poco el dónde colocamos nuestro amor, como si esto acaso fuera posible.

Una persona que fluye con su circuito del amor completo y funcional, está generando y experimentando continuamente esa energía desde su realidad; es decir, está viviendo una experiencia permanente de amor. A partir de lo anterior, y recordando la analogía que te planteaba en los primeros capítulos del amor con el aroma; no es que esta persona vaya por la vida "repartiendo" amor a todos y a todo; simplemente es que, al estar vibrando de forma constante en la frecuencia del amor, esa energía sera emitida, percibida y compartida en cualquier situación.

En contraparte, una persona con flujo de miedo sentirá constantemente que le falta amor, y buscará desde su realidad la forma de no perderlo, y sobre todo, creerá que desde el exterior alguien o algo se lo puede dar; creando apegos a personas y cosas que irremediablemente lo llevarán a mayores niveles de temor.

Es por esto que una persona que vibra en el amor lo puede generar en cualquier circunstancia. Lo hace cuando observa un atardecer, al escuchar una canción, al caminar por la playa, cuando da un abrazo; incluso puede ser capaz de generar amor en situaciones que usualmente a otras personas les generan miedo o rechazo.

No es el momento, no es un acontecimiento, no es una acción o una palabra los causantes del amor o del miedo; son nuestras decisiones, a partir de la realidad diseñada por nuestro sistema de creencias, las que los generan.

De esta forma es que podemos controlar nuestras emociones. ¿Recuerdas cuando platicamos de lo que sí podemos controlar?; hablamos de nuestras reacciones hacia lo que no podemos controlar, y tú tienes el poder de decidir si ante un acontecimiento de tu vida reaccionas desde el miedo o desde el amor. Pero debes notar que esa decisión la estás tomando previamente desde el momento en que eliges el tipo de energía que te es funcional fluyendo dentro de ti. Por lo tanto, una vez que eliges fluir en el amor, tus consecuentes pensamientos, palabras, acciones y reacciones serán de tranquilidad, paz y armonía; si decides fluir en el miedo, entonces tus procesos serán con sufrimiento y en desequilibrio; causa… efecto.

Imagino que te estarás percatando de lo funcional que es fluir en el amor. Decía Facundo Cabral: "Si los malos supieran lo buen negocio que es ser bueno, serían buenos, aunque sólo fuera por negocio". Una vez que tu circuito del amor fluye, deja de tener sentido preocuparse por el *hacer* o por el *tener*, sólo tienes que *ser;* todo lo que hagas será desde el amor y todo lo que obtengas será fruto de la misma energía… negocio redondo.

Podemos concluir entonces y resumiendo, que el amor es una energía única la cual es experimentada de forma particular y diferente por cada individuo. Es distinta la forma en que experimentas el amor al contemplar un amanecer frente al mar, cuando saboreas un postre delicioso, al recibir un abrazo de tu madre o al besar a tu pareja; pero en todos los casos, es la misma energía la que fluye dentro de ti y la que puedes compartir.

Muy importante también establecer que dos personas pueden estar mirando el mismo amanecer, en la misma playa y a escasos centímetros, pero, aunque ambos fluyan en la misma energía, la forma en que lo experimentarán no será igual; *pueden compartir la energía pero con experiencias diferentes.* Incluso en el caso de una pareja que se abraza y besa, pueden estar compartiendo la misma energía pero cada uno estar inmerso en una experiencia diferente.

Esto último nos lleva a una reflexión final: ¿Es suficiente el amor para establecer una relación plena, funcional y duradera?. La respuesta es no; para que una relación pueda existir y desarrollarse en el tiempo hace falta algo más que es muy importante: una *realidad compartida*.

Recuerda que establecimos a lo largo del libro que cada uno de nosotros diseña y crea su realidad en base a su propio sistema de creencias. Constantemente señalamos la importancia de entender que cada individuo vive una realidad que le es funcional a partir de sus propios paradigmas. Pues bien, para lograr establecer cualquier tipo de relación, es necesario en primer lugar vibrar en la misma frecuencia, y de manera paralela compartir realidad en tiempo y espacio. Esto no quiere decir que vivan una *misma* realidad; con compartirla me estoy refiriendo a sincronizar ambas realidades para que fluyan en la misma frecuencia (la del amor)y hacia un mismo lugar espacio-temporal.

Te lo voy a explicar con un muy claro ejemplo que todos hemos experimentado al llegar a este mundo. En todos los casos tuvimos una realidad compartida durante los aproximadamente nueve meses que pasamos en el vientre materno. La relación madre – hijo es tan estrecha que nos permite una comunicación total, y nos lleva a compartir un mismo sentido de vida durante el lapso del embarazo; y es por eso que, al nacer, dicha relación puede permanecer con el paso de los años y es de las más fuertes que existen.

De la misma forma puede suceder con familiares o amigos, que son muy cercanos en determinados espacios temporales, lo que les permite compartir realidad y crear lazos que trascienden incluso la cercanía física.

En el caso de una relación de pareja, es fundamental e indispensable la gestación de realidades en común para consolidarla. Una vez que dos personas se establecen en una misma frecuencia vibratoria, la del amor, es necesario que se establezca entre ellos una *comunicación* adecuada y funcional en todos los niveles: afectivo, emocional, intelectual, verbal y no verbal. Sólo a partir de una comunicación efectiva podrán empezar a compartir cada uno su realidad para poderlas vivir en sincronía.

Es importante recordar que antes de llegar a este punto, y en un estado ideal, cada uno de los individuos que integran una relación, deberán de ser capaces de mantener su circuito del amor y al mismo tiempo ser conscientes de su propia realidad. De nuevo: es imposible compartir lo que no tienes; si tú mismo no sabes lo que eres y no tienes claros tus objetivos, tus deseos, tus emociones, de dónde vienes y a dónde vas; lo más probable es que lo que compartas sea confusión e incertidumbre. Una persona inmersa en enojo, tristeza o frustración, lo que compartirá es una realidad de miedo... solo puedes compartir lo que eres; lo que estás viviendo.

En una pareja funcionalmente sana, con el paso del tiempo no solamente compartirán sus realidades, sino que podrán llegar a ser capaces del punto culminante en una relación... *crear juntos* una realidad compartida; diseñar un mismo camino que poder andar sin perder individualidad; ser uno sin ser lo mismo.

En una posibilidad alterna, también puede ser que con el tiempo una realidad compartida se pierda. Pasados los años una pareja puede seguir vibrando en la misma frecuencia pero en realidades distintas. Cuando una persona comienza a sentirse alejada de su pareja es precisamente porque es su realidad la que se está separando. Puede seguir sintiendo amor o cariño en base a todo lo anteriormente compartido, pero ya no están construyendo un futuro juntos. Llegado este punto lo que se requiere es retomar lo que originalmente unió sus realidades: la comunicación; de otra manera la relación se ira desgastando hasta romper con la sinergia del amor compartido, y con ello cualquier lazo entre ambas personas.

Como has podido darte cuenta a lo largo de estas lineas, el amor puede ser complicado cuando no entendemos lo que es y la forma en que fluye y se manifiesta en nosotros. Una vez que conocemos su esencia, podemos empezar a experimentarlo de forma natural, al tiempo que lo compartimos y potencializamos.

Quiero terminar este recorrido compartiendo contigo un consejo: *Siempre confía en el amor*. Ante un problema, ante la duda, frente a la incertidumbre, cuando el miedo fluya en ti; confía en el amor. Recuerda que el amor es conciencia y equilibrio y surge desde muy dentro con la luz que necesitas para afrontar cualquier situación en la vida. Tenlo siempre presente: eres amor; eres paz y armonía; esta es tu naturaleza y tu esencia; tienes el poder de crear y diseñar tu vida a partir de su energía.

Gracias por permitirme compartir contigo mi experiencia del amor; que la luz ilumine tu camino. Nos encontramos pronto y mientras te deseo una hermosa realidad creada siempre y a cada momento a partir del amor que habita en ti.

Alfredo.